U0090022

民國文化與文學 研究文叢

五 編

李 怡 主編

第 22 冊

追尋隱沒的詩神
——朱英誕詩歌研究文選(下)

王澤龍　程繼龍 編

國家圖書館出版品預行編目資料

追尋隱沒的詩神——朱英誕詩歌研究文選（下）／王澤龍
程繼龍 編 — 初版 — 新北市：花木蘭文化出版社，2015〔民
104〕
目 4+172 面；19×26 公分
（民國文化與文學研究文叢 五編：第 22 冊）
ISBN 978-986-404-264-7（精裝）
1. 朱英誕 2. 詩歌 3. 詩評
541.26208   104012157

特邀編委（以姓氏筆畫為序）：

ISBN-978-986-404-264-7

9 789864 042647

丁　帆　　　王德威　　　宋如珊
岩佐昌暲　　奚　密　　　張中良
張堂錡　　　張福貴　　　須文蔚
馮　鐵　　　劉秀美

民國文化與文學研究文叢
五　編　第二二冊　　　　　ISBN：978-986-404-264-7

追尋隱沒的詩神
——朱英誕詩歌研究文選（下）

編　　者　王澤龍　程繼龍 編
主　　編　李　怡
企　　劃　四川大學現代中國文化與文學研究中心
　　　　　北京師範大學民國歷史文化與文學研究中心
總 編 輯　杜潔祥
副總編輯　楊嘉樂
編　　輯　許郁翎
出　　版　花木蘭文化出版社
社　　長　高小娟
聯絡地址　235 新北市中和區中安街七二號十三樓
　　　　　電話：02-2923-1455 ／傳眞：02-2923-1452
網　　址　http://www.huamulan.tw 信箱 hml 810518@gmail.com
印　　刷　普羅文化出版廣告事業
初　　版　2015 年 9 月
全書字數　307181 字
定　　價　五編 24 冊（精裝）新台幣 45,000 元
版權所有·請勿翻印

追尋隱沒的詩神
——朱英誕詩歌研究文選(下)

王澤龍　程繼龍　編

目
次

經典解讀

詩歌，抵抗精神死亡
——讀朱英誕新詩

程繼龍

　　長期以來，我們似乎習慣了這樣的思維，詩歌和死亡之間有一種看不見摸不著，卻實際存在的隱秘關聯，詩歌從內部預見、加速死亡，而死亡又以其莫可言說的混沌天性提升著詩歌，因此，凡具有某種詩性天賦、且又早早奔向死亡的詩人，成為人們津津樂道的話題，遠者如屈原、王勃，近者如朱湘、海子。實際情況彷彿是，不死，詩歌難以超凡入聖！於是，這樣一幅圖景成為詩人生命軌跡的標準模式：少有詩才，口吐蓮花；青壯時懷著為詩而詩的決心，肩負著黑暗的閘門，寫下光耀萬古的詩篇；後來忽然慷慨赴死或悲壯自裁。彷彿有些生命，因了詩，可以不必參與五穀輪迴，可以遠離人間煙火。

　　然而細細思量，並非世間事都可以超凡入聖慷慨赴死，當某件事需要以輕易地凌越於周圍事物之上以確證其價值時，那麼對待此件事須慎之又慎。赴死者，有幾人眞像太史公那般已經獨自完成了一件經天緯地之事而勿需再假以天年慘淡經營；認可赴死這種行為者，在自己說出那些意見、寫下那些文字時可否想到如智者魯迅的那敬告：假使你自己以為死是好的，那麼就請你自己先去死吧。螻蟻尚且惜命，何況是人，這是常識。藉詩誨死，是癡愚還是殘忍？詩人西川論海子時曾有言：「我不想把死亡渲染得多麼輝煌，我肯定說那是件淒涼的事，其中埋藏著眞正的絕望。」(《死亡後記》)論及此，我還想弱弱地問一句：詩歌除了和生命保持古老的敵意，還有沒有一種古老的善意？

　　死有萬千樣態，但是基本上可以區分爲兩種：肉體死亡和精神死亡。我們不止一次聽到，人們在街頭巷尾以各種口吻說出這幾句詩：「有的人活著／他已經死了；／有的人死了／他還活著。」肉體與精神的雙重寂滅固然可悲，而「活著卻死了」的常見事實，難道不更觸目驚心嗎？「腸一日而九迴，居則忽忽若有所亡，出則不知其所往」（司馬遷《報任安書》），這可以看成是先覺者對精神死亡的沉淪與慘痛的古典式表達。因此，我們完全可以發出追問：在嚴格的辯證意義上，如果詩歌認同死亡，爲什麼它不同樣認可對精神死亡的抗爭（肉體的死亡充滿了太多的物質性和偶然性，往往是個體難以戰勝的）？

　　談論生死是不祥的。開始說了這麼多，無非是想就朱英誕的新詩陳述一點淺陋之見。朱英誕者，何許人也？生於津沽（1913），書香世家，後遷居北平，30 年代初正式開始新詩創作，從此一發不可收拾，雖然過早地沒入歷史的背面，但曾一度踏入「京派」現代主義詩人群──「廢名圈」，成爲與廢名、林庚可以比肩的詩人，接替廢名在周作人主持的北大文學院講授新詩，而後輾轉謀生，解放後隱居北京深巷的紙閣蘆簾裏，將詩歌創作堅持到生命最後一刻（1983）。清寂而絕非無意義的一生，留下了包括《深巷集》、《夜窗集》等在內的三千一百首新詩，在量和質上都不輸於人，整體藝術水平上乘，知音、詩友廢名評價他的詩在新詩中「等於南宋的詞」、可以「證明新詩是眞正的新文學」（《新詩講稿》）。之前，有幸參與編校、研究朱英誕新詩，兩年多來一直沉浸在朱英誕提供的詩性體驗中，彷彿進行著一場熟悉而神秘的精神遊歷，我一直在想：撇開一般的興趣愛好，在心靈追求的層面上，究竟是什麼力量使得朱英誕和繆斯相伴直到生命盡頭？

　　幸好這一疑惑得到了暫且熨帖的解答。生活在大動蕩的二十世紀，經歷了抗日戰爭、解放戰爭、新中國成立、文革一系列大事件，他對「時代」有親身的體驗和沉痛的思考。在時代風暴裏，個人猶如微渺的蜉蝣，隨時可能被撕碎或熄滅。寫於四十年代的《鄉村一角》：「我喜歡這兒，鄉村一角，／在這兒我靜悄的生存，／並孤獨的死去，即使很小，／我卻不是一隻田鼠」，像卡夫卡那樣自覺意識到「自己是一隻田鼠」，多麼孤獨而悲涼的自喻，然而還倔強地稱自己並不是「田鼠」。「墳」成爲這一時期朱英誕反覆抒寫的意象，他在鄉野看到墳，在天空看到墳，甚至在虛無的風中看到墳，「冬去春來陰晴交替／金雨的光芒穿入墳墓／一場幻術，（僅爲了美麗）／而灼傷了你的手指」

（《種籽》），「十月的天空荒涼的／如古代的墳墓」（《影子》），「（縷縷的風，淒豔的虛空／它們的墳塋在漂泊著，）／於是你沉溺在思索的掙扎裏／你想著，一個頹廢的姿態」（《沉默者》），「墳」，生命最終的歸宿，死亡的存在之家，成為他戰爭年代詩歌裏的常見意象。朱英誕的詩不乏對「死亡」的直接抒寫：「這年月，瘋狂的年月／最好的地方是睡眠／窗前是滿地落紅／人在鏡子裏作夢／／夢，雲雀無蹤／夜鶯已死／唯孔雀徘徊，大張著／無數灼灼的眼睛看著」（《孔雀徘徊》），一派空寂如死的景象，孔雀開屏彷彿隱藏著死神的一雙雙灼灼的眼睛，死亡無處不在，「展開孔雀的屏／用一千對灼灼的眼睛／……嘗最後的別離的滋味」（《彌留》）。朱英誕嘗盡了在死神窺視下生活的滋味，然而即使躲過時代的風暴幸存下來，也須承受種種束縛。朱英誕意識到，「現代」是一個連「皮肉都須仰仗鋼鐵」的「非詩化時代」，庸俗「唯物論」和「實用論」深入到社會的各個角落，現代人生活猶如疲憊的牛馬（《詩之有用論》）。和許多現代主義作家的憂慮相似，他敏感到難以扭轉的現代性進程帶給人的消極影響，極端的國家主義是戰爭之源，瘋長的經濟實利原則侵蝕了人與人之間的樸素關係，自然環境不斷地遭到摧殘，現代詩人再也難以像陶謝李杜那樣從容地生活在民胞物與的環境中了。不惟如此，朱英誕說自己「三十年來也未能逾越世界上幾個哲學派別，雖然它們本來是大而無當的」（《飛鳥》附記），又說「西儒有云『先是生活，次是哲學吧！』（這不是一個諷刺）生活，是的，我們平常只是生存而已」（《新詩講稿》），對「哲學」充滿了懷疑，在朱英誕的詞典中，「哲學」類似於觀念，即是說，現代社會無非是「觀念」的世界，各種流行觀念主宰了人的精神空間，所有行為必須遵守觀念體系的規則，觀念單向度的理性，侵佔、壓抑了感性生活的空間，所以他和廢名、林庚等同仁一樣，在現代都市生活感到難以名狀的苦悶。朱英誕選擇從公共生活領域退出，遠離革命、不做官，也不參與任何群體運動，躲在北平胡同的古庭院裏過燈昏鏡曉、春花秋月的閒散日子，息交絕遊，埋頭詩書。

　　亂離人不如太平犬，生命如同風中之燭，死亡隨時會降臨，而活著，特別是使精神生命得以延續，成為一件近乎奢侈之事。晚年總結一生行狀時朱英誕曾說：「我說我一生只採用了諸葛亮的半句『苟全性命於亂世』。」（《梅花依舊》）他也曾夫子自道：一生總是在等待一個說話的機會。然而同樣他一生珍惜同時代一個希臘作家的話：「對真理的熱情是 30 年代青年詩人與作家

中最有才能的份子特徵」(《梅花依舊》),而且也認同 I・A・瑞恰慈現代「詩能夠克服心靈混亂」的論斷(《「不干涉主義」與詩(代序)》)。在他身上,極端的懷疑與極端地執著並列而存。於是,詩歌成爲一種生存術,一種完全個人化的抵抗精神死亡之法門。死亡猶如暮色緩慢而不可逆轉地籠罩一切,侵染著他的心靈世界,然而作爲「精神生存術」的詩歌爲他打開一點狹小的空間,分解死亡滲漏的毒液,保證精神依舊像植物那樣緩慢地生長,避免了「心死」之後行尸走肉般的生活。

有守望便有法門,在心靈之眼的觀照下,毫末的凡俗生活首先展露出迷人的光彩。不是沒有美,是缺乏發現,而發現源於苦痛和恐懼之後的守望。那些生活得以進行的,貼身存在、不過三尺之遙的場景和元素驟然闖入詩人的視野,於是,他將它們從時間的洪荒之流中撏扯出來,細細把玩、剪裁融化,織造進詩歌的經緯中去。書房裏的杳渺遐思、庭院的榴花之明、散步所見的寂寞風景,以及「悅親戚之情話」的暢快,統統進入詩性言說的空間。《懷念母親》:

　　當風吹著草葉的時候

　　我想往訪您,

　　母親。我想抓住您的衣襟,依舊

　　像兒時

尙在幼年時,詩人的母親就華年早逝了,當對母親之愛這種平凡而眞摯的情感隨著時間的推移漸濃得化不開時,就逐漸昇華爲帶有原型意味的情結。但是這首詩開始得多麼平易眞誠,彷彿母親出了遠門或者永遠在某個地方,就像風吹草葉般到母親那裡去,回歸到童年那甜蜜溫柔的日子裏去,依舊抓住母親的衣襟。寫法上接通了中國古典詩歌比興「近取譬」的傳統,非常適合熱愛、思念母親的情感狀態。第二節「但我不知道由哪兒去/我的馬匹正受著傷」,山高路遠、日暮窮途、馬傷車壞,象徵著一種「情感受阻」的狀態。愛中有苦難、有執著,愈見情感之深。

　　我找不到一條梯形的崎嶇山路

　　我終於會找到它

　　但是,母親,您是怎麼到達的

　　那奇異的國土

思念中突發奇想,「我」也會找到一條路,就像貝雅特麗齊引導但丁踏上天國的「崎嶇的梯形之路」,最終到達「奇異的國土」,那裡沒有死亡、沒有顛沛、

沒有苦難。這是近乎抽象的情感，然而同時不忘生活化了的經典「細節」，「多麼古怪，什麼時候我都在睇視著／而且永遠在黃昏暗淡的光裏／赭石的山巒起伏，銀魚滑過」，情思彷彿凝固成黃昏中的山巒，「我在您的永遠看著我／走過來走過去的目光裏」，問這問那，母親卻一味「笑而不答」，在日常化的場景裏，訴說交流著情感。

這是非常年代裏的溫柔情感，還有像《楊柳春風——懷念母親》：「楊柳和不斷的春風／吹過萬里長城」、「而母親／在星月下永遠徘徊」、「我卻不能輕輕彈淚」，朱英誕可能是三四十年代新詩史上寫母親，寫得最平易感人的詩人，在鐵血現實和觀念化時代裏，極少有哪個中國詩人能如此低調、真誠。對親情的關注與發現，只是詩人凡俗抒寫的一維，「青青翠竹，盡是真如。郁郁黃花，無非般若」，身邊萬物，書房苦樂、庭院花影、鳥叫蟲鳴，都可以向詩性靈魂敞開「一花一世界」，啟示存在的真諦。「其實詩也毫無秘密，我願意說詩只是生活方式之一，與打獵，釣魚，彈琴……原都是一樣的」，「但詩實在是比較最有韌性的一個法門」（朱英誕《一場小喜劇》），這樣生命便得到一個安頓，精神的花木便得到滋養。

如果說對凡俗生活的守望與抒寫，為朱英誕找到了一條不斷向下的路，使得詩意的關懷達於低處之事、卑微之物，使得詩意的生產不斷獲得大地的豐沛養料，那麼對內心世界風起雲湧的杳渺玄想的捕捉，又從另一向度使他的詩歌達於高遠的神秘之境。現代主義三四十年代的斷裂式崛起，有其深刻的內在原因，隨著時代的變遷和現代感受的不斷拓寬和加深，之前新詩「貧血的自然和軟骨的浪漫」越來越不能滿足現代人表達在現代社會裏生活的複雜經驗的需求，因此荒原體驗、智性、玄學成為新的追求。從細讀的經驗來看，朱英誕所著力表達的「玄想」，既有「想」的一面，又有「玄」的一面，「想」指的是想像、幻想、幻覺，隨著情思活動張力的增強，想像上昇為幻想再上昇為幻覺，這之間有一個梯度；「玄」指帶有思考意味的哲思、一些不成型的思辨和具有先驗色彩的感受。所以，「玄想」即與單純的抒情和理思有差異的，綜合幻想、思考和先驗直覺等因素的複雜詩性思維。朱英誕的「玄想」抒寫大致有以下兩種類型：

從生活、現實的某個真實情景生發開來。在這種情況下，抒寫往往是有開端的，一個動作、一縷心緒、一片風景往往成為觸發的關節，開啟詩性思維，最後達致亦真亦幻的境界。如這首傑出的《睡眠》：

睡眠是精美的屋宇
我悲愁於
不能去到另一個世界
即使僅窺探一下
像睡蓮把頭面鑽到水上
唉，這樣也不行……
當我醒來，我重新認識著
這冰雪的早晨
陽光輝煌而瑩晶

詩始於清晨夢醒時分的出神狀態。開首一個「是」字引導的判斷句，消泯了睡夢與清醒、幻覺與現實之間的界限，用「精美的屋宇」這一意象涵蓋了大量的信息，夢中璀璨華美近於天堂建築的北平星空，一個神奇的空間，但又沒有說透。接下來踟躕在將醒未醒的臨界面上，化身睡蓮將頭鑽出水面，「悲愁」的感歎透露出一點不能自由出入詩意世界的遺憾，既是對消逝之物的追緬，又是深刻的存在之思。末尾將詩思拉向窗外的現實，隱約展示出窗外冰雪朝陽的輝煌景象。三個主導意象將玄幻的情思展示得微婉多姿。接下來詩思忽然靈光乍現，進入一個勝境，留下無盡韻味，遂開啓另一重空間，布下蛛絲馬蹟，再宕開一筆，閃轉騰挪，搖曳多姿。

逸馬式的思維發散。不再依託現實情境，放手寫開去，任思維自由流轉，貫通幻想、理思、先驗直覺的界限。這是一種擴張型的思維方式，詩性思維的洪流從某個難以言傳的瞬間開始、一路裹挾著感覺和思想的泥沙，不斷泛起意象和幻象的浮沫，最後消散在朦朧浩淼的空間。比之於郭沫若天狗式的奔放，多了一些冷凝色調；比之於艾青向太陽式的雄渾，多了一份唯美的形式感。這首《飛鳥》很典型：

這宇宙的徘徊。
看風景的人，
一塊空白。

我在寫詩，這時候？
這時候，你在歸航？
二十世紀的夢寐，
很相像，

於任何別一個世紀，

它是過去或未來的巢。

飛翔吧，過去的鳥，

飛翔吧，未來的鳥。

不僅是對稱般完好的，

它們的翅膀馳想著，

天空是森林的窗，

花朵是岩石的門牆。

不僅像我們不可捉摸的

無恙的

它們飛過我們的呼喚，

像夢寐一樣。

書籍是一面窗，

關好，

傍晚的鳥兒飛過，

銜一根紅色的草。

因其寫法和文本結構的奇特，閱讀也應相應的走向發散，傳統的解詩法似乎靠不住了，詩思前後奔突，左右逢源，並不能找到一條可以貫穿起來的線索，也不能得到某種閉合性的結論，有種陌生的偶然感，斷裂和非相似性佔據了主導，詩歌就是經驗和感覺的自發衍生。首句起得極突兀，其義似乎在鳥兒和天空相對運動中的「徘徊」。接下來兩句頗有卞之琳《斷章》所表達的那種相對感，人仰望飛鳥，而在飛鳥看來，大地無非「一塊空白」，寫作視角非常離奇，和飛鳥相比，人也不見得有什麼優越性。二節明確拉回到當下時空，與飛鳥對話。三節由當下的對話，引申到對時代的思考，夢寐般的二十世紀雖則荒誕，然而與過去未來的其他時代沒有太大差別。「巢」這一意象和「飛鳥」聯繫了起來，可見鳥不僅是當下之鳥，而且是過去未來之鳥。四節和二節一樣，出現了一種奇妙的對稱，在形式和意義兩個層面上。時間的永恒意味得到了強化。可以想見仰視飛鳥久了，沉醉在虛空中的那種感覺，優游、盤旋，消隱、出現。五節將「對稱」這一潛臺詞提升到了語言表達的表層，轉換視角，借助飛鳥的翅膀展開幻想，天空、窗戶，花朵、門牆分別用「是」

聯結起來，神秘不可解，這近乎一種維特根斯坦所說的「私語言」。六節稍顯明朗，鳥兒無恙地飛過「我們」的呼喚。末節回到當下時空，前兩行照應二節的「寫詩」和五節的「窗」（也許是無意地），最終解穴在鳥兒銜草的意象。綜觀此詩，詩人是在讀書寫詩的瞬間，目遇飛鳥，產生了一系列幻覺和玄思，鳥兒在天空翱翔，而時代升起降落猶如一個個朝代，惟時間永恒，而自我的生命猶如飛鳥一樣，流轉不定，無有歸宿。形象與抽象、自我與他物、時間與空間強行結合在一起，很有英國選學派詩歌「感受力統一」的特徵（T.S.艾略特語）。

二十世紀中國社會的動蕩與分裂可以說是史無前例的，這對心靈敏感，且對精神有所追求的知識分子來說，本身所受到創傷與折磨就更加嚴重，魯迅、沈從文、穆旦，這些傑出的頭腦莫不如此，然而我們還不至於像金斯堡那樣宣稱：「我看見這一代最傑出的頭腦毀於瘋狂」，就是因為，在這些傑出的頭腦中能不斷地創生出抵抗瘋狂和寂滅的免疫力，而每一位對二十世紀漢語詩歌有所理解的人，必然堅信詩歌也是這種力量之一。撥開風塵，我們將朱英誕這個名字從歷史的故紙堆裏發掘出來，也無疑印證了這一力量的頑強。像朱英誕這樣，放棄一切名利，以一種決絕的態度，不計一切後果地將新詩實驗下去，為自己找到了應對世界和療救內傷的法門，也為後人留下了可以接續下去的燭火。確實，詩歌有一種古老的善意，它可以使精神不死。

——選自《揚子江詩刊》2014 年第 2 期

重見淹沒的輝煌
——發現朱英誕和他的《冬葉冬花集》

向　明

　　斷裂的歷史，使得我們少認識多少可貴的人文風景。人為的政治偏見，造成我們視親人如同敵人般隔絕，這可怕的兩岸數十年的硬性阻隔是多麼的殘酷可悲。釀成了多麼難以彌補的悲劇命運。即使現在已經恢復交通，但那些錯誤造成的損失，恐怕再過幾十年也追不回來，有的就永遠被時間淹沒了。因此當我聽到有人一件件從廢墟中去拾掇拼圖找回那些偉大心靈的全貌，還他應有的尊嚴和成就，我就對這些勇者肅然起敬，我又可以多一份心靈的營養補充。

　　前輩詩人朱英誕這個名字對我們這僻居臺灣的詩壇言是完全陌生的。我們曾經漸漸知道比較熟知的李金發、徐志摩、馮至、卞之琳以及廢名等大家，甚至我曾介紹過宗白華的入室弟子，一直隱居不欲人知的汪銘竹。但朱英誕先生則不但未在我們的臺灣文學大系或詩選中出現過，即使後來從大陸出版的各種新詩鑑賞辭典，詩選、新詩大全等等不下廿多種，也從未出現過朱先生的作品。雖然提攜過他的著名詩人林庚和廢名每種版本都有詩作選入，但獨缺少這兩人的傳人的作品出現。

　　朱英誕先生（1913～1983）是三十年代的一位詩人，為宋代理學家朱熹的後代。據林庚在朱英誕詩集《無題之秋》書後回憶，他於一九三四年在北京民國學院兼課，班上便有朱英誕和李白鳳兩位對新詩感興趣的青年，常到他家裏談詩。他對朱英誕寫的詩幾乎每首都讀，他的印象是朱氏似乎是一個沉默的冥想者，詩中的聯想很曲折，有時不易理解。他將朱介紹給廢名，廢

名卻非常欣賞。從這裡可以看出朱英誕在二十多歲時，即已是一個不凡的青年詩人爲大名家所賞識，且具有不凡的詩的性格。因此當後來詩評家把他視作現代詩人的一員，可說其來有自，因他有著現代主義敢於抗拒傳統的先天因子。但他卻又受他啓蒙老師林庚的影響甚深。林庚雖是自由詩的始作俑者，但也並不忘情格律詩的優點，他曾認爲「自由詩的長處是能夠無阻地抓住刹那的心得，顯得緊張驚警。格律詩所寫的多是『深厚的蘊藏』，顯得從容自如。成熟的新詩應兼有二者之長，能夠從容自如地在整齊的形式中表現新的感覺。」看朱氏在《無題之秋》詩集前後（1932～1935）之作品，顯然就有自由與形式互相拉扯的格局，尤其一些像律詩樣前後四行的短詩。以及在《春草集》（1035～1937）中的一些四行形式整齊的韻律詩。

朱英誕的表現越來越具現代詩風味應自他受教於廢名開始。廢名自接納朱英誕爲學生後，雖自謙「這位少年詩人之詩才，不侫之文絕不能與其相稱」，然卻對朱詩的既有表現一點也不假以詞色。他在爲朱的新詩集《小園集》寫序的時候說：「朱君這兩冊詩稿，還是從《無題之秋》發展下來的，六朝晚唐詩在新詩裏復活也。不過我奉勸新詩人一句，原稿有些地方還得拿去修改，這件事是一件大事，是爲新詩要成功爲古典起見，是千秋事業，不要太是『一身以外，一心以爲有鴻鵠之將至』也。」同時，廢名在論《林庚同朱英誕的新詩》中說：「在新詩當中，林庚的分量或者比任何人更重要些，因爲他完全與西洋文學不相干。而在新詩裏很自然的，也是很突然的，來一份晚唐的美麗了。而朱英誕也與西洋文學不相干，在新詩當中等於南宋的詞。這不但證明新詩是眞正的新文學，並不一定要受西洋文學影響的新文學。他們的詩比我們的更新，而且更是中國的。」從廢名的觀點來看林庚、朱英誕和他才是眞正從中國水土，非自西洋花露水噴灑而自我長成的中國新詩，是中國新詩的正路。

朱英誕大量發表詩作和投入新詩研究工作是在抗日戰爭時北方的淪陷區。其時北方作家詩人紛紛南下，詩歌重心由北京轉入昆明等大後方，這些留在北方的詩人遂與戴望舒等現代派詩人斷流。當時深受廢名詩論影響的年輕詩人包括朱英誕、沈啓無、吳興華、黃雨、南星等遂在淪陷區自成一面旗幟，堅持固有的詩歌理想。朱英誕在此時間扮演了極重要的角色，一方面在北京大學開講現代新詩（現存有《現代詩講稿》），並開始大量發表詩作，在1937 至 1945 年間他自編了《深巷集》、《夜窗集》等重要詩集，《夜窗集》並

分甲、乙、丙、丁、戊、己五稿。在 1944 這一年的九、十月間他連續寫了十二首詩（根據《冬葉冬花集》所選，在原詩集中應不止此數）。廢名在四十年代末重返北大時曾特別嘉許朱氏此一期間的豐富業績。

抗日戰爭勝利後從國共內戰到 1949 年共和國成立，朱英誕的詩作品從未中輟過，據有人統計至 1983 他離開這個世界為止，一生詩作有三千首以上，是中國新詩史上創紀錄的多產詩人。最不可思議的是在他有生之年，國內局勢從未有一天平靜過，而他從未介意，在他的詩中看不到半點時代的痕跡，歷史的滄桑。即使在那革命的詩歌叫鬧得震天價響的六七十年代，朱英誕亦不畏寂寞，依然堅持自己的理想，寫自己的詩。這也是一個罕見的奇蹟，尤其和他同年齡層同時代的詩人，或多或少都曾吃過苦，歷過險。但他也因為這麼固執的不入世，因此他也不為世所重視甚至有意忽略，有人就認為像朱英誕、吳興華、路易士等在淪陷區奮鬥過的詩人就應與大後方的「九葉詩人」如辛笛、穆旦、鄭敏等同樣受到重視。路易士即臺灣詩壇三老之一的紀弦，他在臺灣光復後即來臺教書，並組織現代派，為臺灣的新詩灌輸現代改造思想，為臺灣新詩邁入現代途徑的大功臣、可惜朱英誕就沒有這種機會。

作為廢名入室弟子的朱英誕的詩有幾大特點，除了前述的不入世外，尚因他嗜讀陶淵明的詩，嚮往一種山水行吟的詩人生活，散淡閒適的人生。他的十幾本詩集中寫的幾乎全是大自然鄉野間的各種情趣，他寫過《大風之歌》、《小黃河擺渡》、《瀛臺湖上的野鴨》、《擬田園詩》等具人性真意的詩。即使到了七十多歲（1983 年）已纏綿病榻多時、他依然寫《欲雪》、《掃雪》、《飛花》等沉醉人間生活的作品。〈掃雪〉一詩非常有趣：

> 「掃雪了」——／門外的人在輕輕召喚／冰心先生曾經告訴我們／這是「北京的聲音」／慚愧，我也是北京人的一個／彷彿卻不曾聞問！／孩子們更可憐／慢慢地都不認識雪了／我也只好笑一笑。／讓我來看雲，那／蓬蓬白白，一東一西，一南一北／一堆一堆的是什麼？／雪。我的雪！我的夢實現了。／那裡，那天邊，是我掃的一堆／雪。是的，我掃了／應該的／不要謝。

用語奇特，比喻不凡，詩思飄忽，捉摸不定也是朱英誕詩的一大特色。像上面這首詩他的詩的思路就是一再轉彎的，從「掃雪了」的聲音一響起，他便將聯想跳到冰心在《北京的一天》中的這一句「北京的聲音」，然後慚愧自己身為北京人也不曾聞問過，遑論孩子也不識雪為何物。於是他仰天看雲，那

一堆堆白白的雲，彷彿那就是他已掃成堆的雪，他心滿意足的說「是的，我掃了」，而且彷彿對人說：「這是應該的，不要謝。」他在病榻上聯想翩翩的做著他已無法去完成的工作，而且自得其樂，這是詩人思路靈活的好處。至於用語奇特，比喻不凡，這是廢名說的。他認為朱英誕的詩有些「不可解，亦不求甚解，彷彿就這樣讀可以，可以引起許多憧憬似的。」然就朱英誕童年好友歷史學家何炳棣博士的回憶，朱氏自幼即非常含蓄，詩的語言本來就是最濃縮的語言，因此他的詩就不免有晦澀之感了。對於此點，我讀遍手頭的《冬葉冬花集》所有的詩，尚未碰到有完全奇特到不能理解的作品，反倒覺得他的詩有的頗符合現代主義象徵詩的手法，甚至早就是當今流行的逆向思考，毋須逐字求解，讀後真的可以引起許多憧憬。現以短詩《秉燭之遊》為例：

> 紅燭在你的手裏，
> 照著的是我所愛慕的你，
> 紅燭遞到我的手裏來，
> 照著的我也是你的。
> 方才在黑暗裏的人嗎？
> 小心啊，風前的燈，
> 花一般的寂寞的紅。

像這樣短短的七行，如果是一個讀慣像徐志摩那樣語言順暢的自由詩的人而言，定會為他的詩中曲折的你、我定位而不耐的。至於突然冒出一句問話，以及「花一般的寂寞的紅」的描述，這中間似乎在作三級跳，省略掉很多必要的補述和轉折，對於慣於線性思考的人而言，是會覺得難以求解的。其實這已是現代主義慣用的技巧了。我讀此詩似乎有卞之琳的《斷章》一詩的影子，卞氏愛用現代主義大師美國詩人艾略特的「客觀聯繫法」以及蒙太奇手法為詩，造成閱讀上的趣味和挖掘。真的，如果有心多讀幾遍、不覺會讀出真味的。那「花一般寂寞的紅」不正是那「風前的燈」的隱喻嗎？

然而即使朱英誕的詩無論從質和量都不輸人，為什麼終其一生未受到重視，甚至連詩選一本也上不去，這是什麼原因呢？有人分析最主要原因是他係淪陷區詩人，外面的人鮮能知道他的存在。他的老師林庚和廢名也是同樣的命運，廢名的詩全集一直要到前年才設法來臺灣出版。同時林庚和廢名由於詩風保守古樸，也長期不為視現代主義為正宗的主流詩壇接受，這樣也影

響到他們的學生如朱英誕、沈啓無、吳興華等人的出頭。另一令人哭笑不得的原因是因他出版的詩集是自費出版,沒法公開發行,阻絕了外界對他的瞭解,甚至不知道有這麼一位詩人存在。他雖有詩三千首(沒有一首超過五十行的長詩),但公開在報刊發表的不超過三十首,像這樣的露臉次數是打不出什麼知名度的。不過再高的知名度也不能代表一個詩人存在的眞實價值,詩人的最高價值決定在他寫的詩的高度。其它只能湊個虛名。

　　　　　　　　　　　二○○八年九月十三日秋臺肆虐時

　　　　　　　　　　　——原載民刊《詩評人》總第九期

妙在不明言
——朱英誕詩歌欣賞

蔡慶生

　　冒著霏霏小雨，逃離 2008 年春節前那一場 50 年不遇的大雪襲擊的上海，天色擦黑後回到了浙江台州古城。第二天天大早，《詩評人》主編楊繼暉即陪同椒江文聯副主席孫明霞雨中驅車趕到古城，接我去椒江和年輕的詩友們聚會。在車上，楊繼暉拿出一本朱英誕的詩集《冬葉冬花集》交我說：「寫篇評論，我們想搞一期專號。」接著，他便三言兩語介紹：「朱英誕是朱熹的後代，上個世紀 30 年代著名詩人，廢名和林庚都爲他的詩集作過序……」聽得我大吃一驚，未料自己混跡詩壇半個多世紀了，竟然對這樣一位詩人毫無所知。提起林庚，我不無興奮地說起了和他的些微瓜葛：建國初期，林庚的一首歌詞和我寫的歌詞《光榮的勞動》發表在中國音協的刊物《歌詞》同一頁上，後來，刊物編輯把我的稿費匯到林庚那兒去了。不知林老是怎麼打聽到我的地址的，竟然能將稿費分文不少（那時的報刊給作者匯寄稿費，都得從稿費中扣除郵資）地轉匯給我，還附了一封本不該由他「抱歉」的信。

　　翻開《冬葉冬花集》，我讀到廢名在序中盛讚朱英誕的詩是「六朝晚唐詩在新詩裏復活也」，他似乎比本是朱英誕老師的林庚更喜歡朱的詩。牛漢則在題詞中說：「朱英誕的許多詩直到現在並沒有陳舊的感覺，朗讀起來還是很新很眞摯的。」這一點，與我讀《冬葉冬花集》的第一感覺完全吻合。那麼，朱英誕的詩爲何會青春不老呢？它們有什麼奧秘？

　　廢名曾一口氣讀完朱英誕的兩冊詩集，楊繼暉也曾在四個小時裏讀完收有朱英誕 234 首詩的《冬葉冬花集》，而我卻費了春節前後整整十天時光，還

才只能走馬觀花粗翻一遍。這不在說明我讀得認眞仔細，而只能表白自己讀得很苦很費勁，其中許多詩，尚是在不求甚解中匆匆放過的。直至讀了林庚在《朱英誕詩選讀後》中說：「他似乎是一個沉默的冥想者，詩中的聯想往往也很曲折，因此有時不易爲人所理解，我把他介紹給廢名，廢名卻非常喜歡他的詩，足見仍是有人會充分欣賞的。」我才恍然大悟，對詩的不必求甚解，也許正是一種對詩的正確讀法。朱英誕的許多詩篇，我的確是在反覆誦讀之後才略知其大意的，好在他的大部分詩都有一個比較通曉的命題，同時輔以一些有關歷史背景的注釋可以導引迷津。

讀朱英誕的詩，常常在一知半解中滑行。這種感覺，我在讀中國的古典詩詞時有過，在讀翻譯的現代派詩歌時有過，在讀上個世紀二三十年代的一些新詩時也有過，而在讀當今許多年輕詩人的作品時更常有。這種不易讓人一眼看透的創作手法，本來便是藝術田地裏一種高明的技藝，多見不怪了，才漸漸明白：那不就如中國畫中常用的留白嗎？畫家在潑墨揮毫時故意留下許多空白的虛處，表面看來不見點墨，實際上那些空白可以代山代水代雲代霧，有時甚至可以給人無限見仁見智的想像空間，像一個個猜不透的謎，這正是一種極具張力的藝術。

廢名曾說：「而朱英誕也與西洋文學不相干，在新詩當中他等於南宋的詞。」我對這定論尚心存疑慮。試想，一個在 1928 年便以高分考入天津南開高中的高材生，那時的新詩運動又已經十年了，他不可能不受到西洋文學的影響，何況新詩本身便有著與西方現代派文學合流的軌跡。再者，上個世紀二三十年代，正是象徵主義風行世界各國的高潮，摒棄由作者直言的方法，用形象暗示、烘托、對比、象徵，曲折反映生活，作者的意圖似潛伏於水下的隧道，讓人捉摸不透……這種創作方法，在新詩中已屢見不鮮，難道朱英誕詩中的現代派氣息，僅僅只是與西洋文學的現代風潮不謀而合，不可思議。

朱英誕在詩中，不只一次提道三個字：不明言。好像他非常喜歡這幾個字。從他的全部詩作來看，他確實在實踐著這三個字，就拿他那首寫於 1971 年 7 月 27 日的《不明言的詩》爲例，他隱去了什麼呢？詩一開頭寫了一片美景：「七章八掛的牽牛，／五顏六色的鳳仙，／到處都是／青春的河畔草；／狂得那麼好，／那麼動人的驕傲！」詩句的鮮活動人不必誇了，「狂」、「驕傲」這些詞兒多夠味，明明白白的寫實，場景也未轉移，沒有故弄玄虛。繼而他又寫：「我能夠說些什麼呢？／既然孩子們都已遠行，／說是屯墾戍邊，／計

算不清楚的迢遙。／我不復能夠潛心寫好詩，／或者，在道義上潔身自好；？每晚我呆坐在道旁／看黃昏的天空像黎明，／由多彩到黯淡，如讀青史，／詩人告我以：水流心不競……」這裡的內心獨白，似乎將一切心事都告訴你了，其實不然。它的不明言之處甚多，猶如一杯雞尾酒，我們不知道它是由哪一些酒摻和而成，讀者就是那些品酒的人，各人都可以喝出不同的滋味。我卻品出了詩人在文化大革命期間的一種感傷情懷，無可奈何的心境。不明言是一種含蓄，它比說了出來更能震撼人心。再對照詩的前一節那一番美麗風光，良辰美景與孤雁獨影，反差之大，強烈的對比之下，怎能不被作者的深情所俘獲。

通讀朱英誕的《冬葉冬花集》，很少見到他對動盪政治風雲的實錄，就是在一首副標題是「為和平而歌」的《遠眺》裏，也只有登高望遠的聯想，文中再也未出現「和平」二字。就是在追殺文化的 10 年中，他也能輕聲慢語一直不停筆抒情，可見他並不消沉。再以他寫於 1970 年 1 月 20 日文化革命高潮中的《汗馬吟》為例，他仍在高歌：「汗馬擔負起天下的興亡」、「四隻鐵蹄，四個節拍／發出四樣不同的踏聲，／輕重急徐……象生命——／高歌與微吟」他似乎一直都在「冷眼向洋看世界」，用變了形的現實來反映內心的衝動。

朱英誕詩歌的另一特色，就是淺入深出。看標題，看說明，看起句，似乎都隨手拈來，平凡無奇，接下去便會叫人如入深山密林，難找通路。試舉《天問》為例，前四行云：「鐘聲早已飄過如流水，／可愛的夜呵夜已深沉；／不，星天是孩子的玩具，／永不陳舊或損壞。」用天象旁敲側擊，詞新句雋，沒有含糊。後四行卻突然一個跳躍，換成了白天，意象奇詭：「日食我們看見了，／但月亮和地球在哪裏呢？／如果黑暗是月亮，啊，我睡了，／如果黑暗是地球，唉，母親？」何意？是感歎？是驚訝？還是擔心？費人尋思，這又是極高明的留白藝術，妙在不明言！

不久前，臺灣的向明先生給我寄來了他的新著詩集《地水火風》，其中有一首題為《詩觀想》的第一節寫道：「寫詩如屠宰，／須從要害處切入／非如捫蚤／僅在表皮上抓癢／／最好深入內臟，發現贅疣／或揪出／混蛋醫生留下的，止血剪」。最後的神來之筆容量極大，號召詩應該干預生活，直指病態社會的誤疹、錯醫，「揪出」醫療事故中混蛋醫生丟下的止血剪……。其實，詩的象徵意義何只如此，它比這一點更為無限寬廣，它的力度可以無限地擴張。

朱英誕似乎並不在乎創造什麼流派，他只是一味沉下心來，始終熱情不

減地寫著他喜愛的不明言的詩。在當下新詩多元化百舸爭流的局勢中，還是應該如向明在來信中強調的：「出於生活的詩才是好詩，也才是眞正的詩，至於什麼主義的帽子，大可不必在意。」說得在理！我不讚賞在詩中用典過多，或用隱私過多，故意在詩和讀者之間設置許多隔膜，這些顯然不利於新詩的發展，我只是十分欣賞有度的不明言。詩貴含蓄，朱英誕在《殘果》一詩的最後寫道：「對你們不明言的戲劇我最欣賞！」妙用不明言，這也許便是他一生 3000 多首詩中最大的秘密。

──原載民刊《詩評人》總第九期

朱英誕先生的詩

徐守忠

　　很久就想寫一點朱英誕（仁健）先生和他的詩了，前不久看到廢名（馮文炳）先生在《談新詩》中有專篇談論林庚和朱英誕的詩，彷彿是說朱先生的詩是和南宋的詞相通或者是相一致的。這一點我也有同感，這不僅是詞風與詩風的相通，而且時代的氣息也是同呼吸共命運的。

　　我認識朱先生是在四十年代初，當時華北正處於敵人的鐵蹄下，日偽合流，統治得比罐頭還嚴密，想呼吸一點新鮮空氣是很難的。刀光血影中，有些文學青年，因為主觀和客觀的原因，不能去延安或重慶，但又不願為虎作倀，便想從文學藝術中尋找自己生活的目的。當時北京大學標榜所謂純文學，有新文學研究課：一是散文習作，由剛羽先生主持，一是新詩習作，就由英誕先生主持。剛羽先生的散文習作，雖然也博選諸家，但主要是講「二周」（魯迅與周作人）的作品。英誕先生的新詩習作，雜取百家，把臧克家的《烙印》、《罪惡的黑手》等等，都介紹給聽者。

　　朱先生那時也不過二十七八歲（所以周作人先生稱他為「我的小友」，好像在《風雨談》中又一次提道過），他年青，和學友們很容易打成一片。有時也偶然把自己的作品拿出來，但他並不自我吹噓，而是由讀者自己去體會。

　　大概是在 1941 年，我讀了他的一首詩，全詩已經忘掉了，只記得其中有幾句是：

> 美麗的芭蕉女，芭蕉女，
> 你的衣裳是大葉子，
> 修身應如花。
> 喂，你這倚傍著花的女郎，
> 請你彈出香的軌道來。

就這幾句，乍看起來，好像不知所云，其實這才是詩人真實情感的流露。「芭蕉」是指日本俳人松尾芭蕉，「大葉子」是指日本和服的花色，「修身應如花」則是既指對方，也是說自己（這一點詩人自己的一生是做到了的）。至於讓那些生長在「花的國土，為花的美人」，她們卻讓她們的父、兄、丈夫在別人的國土上製造災難，而不能奏出「香的軌道」，則是詩人的恨與怨在含而不露中表現出來。

我之所以說他的詩風與南宋詞風有相通之處，正是因為他們所處的時代有相同之處的原故。朱先生成長的過程中，是怎樣一個時代呢？先是軍閥混戰，接著是國民黨的法西斯統治，不久又是帝國主義的侵略，人民長期處於水深火熱之中，作為一個詩人，是對事物比較敏感的，但也有其軟弱的一面，一方面對現實的不滿，另一方面又無能為力。他憤恨黑暗，要追求理想中的光明，卻不能衝鋒陷陣去過金戈鐵馬的生活，也不能敲響時代的鼓聲。如果像一把利劍刺破天幕，卻會隨時招致飛來橫禍，沉默無言吧，則又失去詩人的舌頭。於是一方面用最晦澀的語言來表現複雜的心情，另一方面又去追求自我的完善，這是詩人在新中國成立前創作的整個內容。

我覺得朱先生的詩，應該屬於意識流罷。他有內在的聯繫，但因為跨度大，讀者往往追蹤不上他所想像的深度與速度，因而有時覺得難以理解。何況在那個時代裏，語言不得走向晦澀！我不怎麼閱讀七八十年代的朦朧詩，其原因就在於時代變了，可以直抒胸臆，不必故作神秘，最不得已還可以沉默，靜待事物的發展，這與朱英誕先生的詩是不能相提並論的。從新中國成立後，他的詩篇是流暢的，雖然也有淡淡的哀愁，但內容卻是無言的愉快，他是按著時代的腳步而邁進的。如他在1951年寫的《清掃者》中，看到清掃人是如何掃去那些沒落的、污穢的東西的，他沒有誇張，沒有高聲吶喊，只是在平凡的喜悅裏流露出感激之情。

一個民族，一個國家的語言的豐富多彩，要經歷多少年文化的積累，其間，詩人是貢獻最大的。試將朱先生的《輕雷》作一個例證：

　　輕雷零落地響了

　　如一柄鑰匙，

　　我將拾去，打開，

　　花開草長，蟄蟲始蘇。

　　晴天落在水裏了，

魚乃水的花；

水啊　分去了彩雲嗎，

匆忙裏放下刀尺的聲音啊。

這真是「不著一字，盡得風流」的一首好詩。「零落」一詞用的好，它不是迅雷不及掩耳，也不是滾滾而來的連珠之雷，而是零落的輕雷。以下言外就說的是「雷始鳴——當在驚蟄的季節吧！」花開草長，蟄蟲始蘇，形象的說明春的到來。既然是輕雷，自然不會是傾盆大雨，轉眼就是雨過天晴——晴天落在水裏了，魚乃水的花。這是前無古人的感念。少年時代，頗愛李長吉的詩，「天上流雲學水聲」天上人間的想像，也「石榴花發滿溪津，溪女洗花染白雲」用空中倒影添加了人間的色彩。而「魚乃水的花」卻是把動態轉化為靜態，這的確是巧奪天工的作品。作為一名詩人，他不能創造自然，但卻能說明自然，他不能改造世界，卻能超然於現實世界，這也許是超現實主義的一點表露吧。

再如，他在《玉簪》中說：

低徊者

秋天在哪裏啊

肥大的玉簪花

驕傲得象鵝

秋風與蟋蟀同時收斂

一個靜默的時間若質疑

這是什麼時節了呢

鵝頸昂得更高

我不能不佩服詩人的大膽，能把「仕女簪花」夢幻出白鵝伸頸，這就不僅豐富了語言，而且擴大了人的胸襟，彷彿萬物皆備於我了，又如「一隻蝴蝶如負重而來／花蔭遂作為說夢的場合」，這就如「莊生曉夢迷蝴蝶」那樣栩栩然了。

其他如：

鳥鳴於一片遠風間，風掛在它的紅嘴上

——《西沽春晨》

最高的花枝如酒旗，也紅得醉人呢

——《西沽春晨》

　　傘／別有洞天

──《傘》

他的警句（可以說是獨創的句子）很多，全部抄錄，未免囉嗦。廢名先生在《談新詩》一書中，曾選了十幾首，如《紅日》：「人間隱隱有一聲雞／驀地唱出紅日來。」廢名先生說是「唱」字可愛，我則覺得比之李賀的「一唱雄雞天下白」的氣魄更雄偉，因為雞成為主宰宇宙的勇士了。

　　又如《海》：「多年的水銀黯了／自歎不是鮫人／海水於我如鏡子／沒有了主人。」詩中所含的思想感情，廢名先生作了一些分析，我要說的是以海為鏡，這就遠遠超出「波平如鏡」這樣狹小的境界，這種天馬行空的馳騁想像，是詩人的超現實的又一表現。

　　詩人在半個世紀中，一共寫了不下3000首的新詩，解放後五六十年代曾經有一個時期的沉默，什麼原因？我想同「維民所止」那樣的邏輯不無關係吧！但即使是一直孜孜不倦地抒發自己的胸懷，卻並沒有功利之心，甚至都沒有「著書只為稻粱謀」的打算，甘於寂寞，甘於清貧，只是耕耘，從三十年代一直到去世，永遠保持著詩人的本色。縱觀世界上所有偉大的詩人，除了那些御用的桂冠詩人之外，沒有不是寂寞生前浮名身後的。現在其家人整理了他的遺稿，病中翻閱，彷彿又看到詩人那一身的書生氣，一身的詩人氣，至於詩人內在的靈魂，也只能浮光掠影地亂說一通，倘有志於新詩的開拓者，那麼早期曾有這麼一位獻身於詩的人，不被人們忘記，我將看到「秋墳鬼唱鮑家詩」的微笑的面孔了。

──原載民刊《詩評人》總第九期

夜行人如最輕的風
——讀朱英誕《冬葉冬花集》

楊繼暉

　　知道詩人朱英誕（1913～1983），緣於《詩評人》第三期「現在回首」欄目裏的一篇文章《發掘詩人朱英誕》（文／眉睫）。一年之後，與其女兒朱紋偶而通過書信、電話，近日收到 1994 年 9 月由其妻陳萃芬女士選編出版的詩集《冬葉冬花集》（在詩人一九三二年至一九八三年間創作的詩歌中，選取 234 首編成）。閱讀過程中，我一直在想，該如何沿著這位詩人的足跡呢？

　　廢名當年是在某個深夜十二點，一口氣將朱英誕的二冊詩稿看完。我沒他那麼大的「肺活量」，從下午開始我用了四個小時才初步讀完。所幸的是，我竟然在這四個小時裏，在這本跨越半個世紀的作品大展中，找到可以與朱同行的理由：夜行。林庚說朱英誕：他原是一個安於寂寞的人。一向喜歌好酒的我，自然不是，但我一直享受這樣一種狀態：在微涼的夜裏獨自行走。恰巧，朱先生也是。

　　「銀河有最輕的水紋，夜行人如最輕的風」。一九三六年，朱英誕寫下《夜之寶藏》，卻不會想到：想像與寂寞，將伴隨一生。

> 　　夜行人如最輕的風，是啊，他總能看到一些白晝難見的景色。綴星的大帷幔之外，月光靜待：花木是如此青白，沐浴於純淨的光陰（《月夜》）；與流水相約，守護著桃花的顏色，星月在晚霞裏跋涉，胭脂一般更鮮麗了啊（《草》）；風吹過青色的高原，一隻狼狗嗥叫了。虎眼依舊張大著，月色裏獵者走過（《星夜》）；魚乃水之花，原無心於江湖。在一條寂靜的道路上，黃昏星起，華燈初上。遠方是一點新

鮮的乳味的，那美麗的夢寐，當有人在樓凝裝，我遂又聽到一個夜
遊人的召喚（《寂靜的道路》）。好一句：原無心於江湖！如果我在詩
中，我會是那個召喚他一起結伴而去，最後消失於暗中的夜遊人嗎？

夜行人如最輕的風，每一個孤獨的詩人，筆下總藏著許多夢，或者是你
的，或者是我的。真實的是黎明，美麗的是黃昏；傾聽銀草的潛生，我是夜，
將落在誰的白日夢中？（《靜默》）；但我仍將想到如夢著，多麼情重的風乃吹
得天高，重又現出遠方的山，與紅色的堞牆來（《大風的歌》）；我看見了鄰家
的小姑娘，澆花澆草，並澆著了我夢中的瘦小的花蝴蝶，翻飛過銀塘的夜（《早
安》）。這些夢啊，這些春意無邊的夢，明朗的色調撲眼而來的夢，自然而親
切的夢⋯⋯。

夜行人如最輕的風，從黃昏開始遠行，直到相愛的黎明。沒有繮繩的馬，
正和草場親吻，和月亮親吻，一個落日彷彿將遠行（《遠行》）；那黑色的和白
色的擁抱，形和影的親吻；當你的燈昏鏡曉未來時，那兩座高大的懸崖轉動
著（《門》）；這時候鳥兒叫得最真，如果在林間的深處，女人們想的最深，如
果和男子為鄰（《曉角》）；晚來的野草芬芳湧來，淹沒你像一粒種子；將化作
春泥了，溫柔的是空虛的風⋯⋯把心放好在幽谷裏，然後回來；朦朧的陸地
的影子，讓我們大家相愛（《玉泉山塔影》）。寫到這裡，我突然感動，這是怎
樣溫柔、深情的男子啊！電腦播放水木年華的《愛上你我很快樂》：最怕聽見
你說寂寞，我會放下自己來陪你；最怕看見你哭泣，我會忍不住把心給你。
我彷彿在剎那看到英誕墜入愛河。一個戀愛中的夜行人，即使獨自行走，他
的心，也是柔弱的，也是充滿溫暖，充滿甜蜜的。

夜行人如最輕的風，夜行人的清晨，一樣充滿詩意。鳥鳴於一片遠風間，
風掛在她的紅嘴上；高樹的花枝開向夢窗，昨晚暝色入樓來。最高的花枝如
酒旗，也紅得醉人呢；望晴空的陽光如過江上，對天空遂也有清淺之想（《西
沽春晨》）。我開始修正起初的定位了：不光我是，英誕想必也是好酒之人！
記得戴可傑在設計「台州十友」網頁時曾問我：五哥，標語是什麼？我就回
了一句：江湖尚留詩意，草莽自有酒氣。不知他後來是否採納，但在我來看，
詩與酒是必不可分的，否則，我也不會自號酒徒了。很開心，能在這裡感受
到英誕的酒意，我喜歡天下所有的酒徒！如果他在另一個世界聽到，想必也
會笑著舉杯，一飲而盡的。

夜行人如最輕的風，夜行人並非一直行走，他會停頓、會在某一個地點

留連、思索。西北何以有高原的懷想？東南何以有海水的家鄉？（《輓歌》）；風中浮動著的花片，還是那痛苦的鳥兒們，你們，飛起來了。翔而後集。（《飛花》）我想，英誕現在所居的，必定是一個桃源：雞聲從田間飄來，應是那鮮明的紅冠的，一隻雪白雄雞嗎？蘆花開放高過了頑童（《柴門外》）；八月的早晨魚躍出水面，我們在哪裏？看那對岸，新月旁：做了木樁，小河邊陽光曬魚網（《八月》）；西窗大開著的時候，滿院的陽光和楊柳，鳥兒鎮日歌唱（《西窗》）。但我不知道，他在那個美麗新世界裏，是否還會選擇在夜裏行走。

「如果你們想到我，我們之間的障礙何須說？黃葉樹照著多思者，窗外又細雨如絲了」。最後以朱英誕《夜窗》裏的幾句，送給他今年春天度過 90 歲生日的妻子陳萃芬和他的女兒、被我稱作老姐的朱紋，祝福她們。

——原載民刊《詩評人》總第九期

在重奏中對自我的追認
——《鳥兒飛去》漫談

王振滔

　　這是一首頗有趣的詩。詩題「鳥兒飛去」來自於詩中每一小節的第一句，很有點《詩經》的意思，以此起興，在重奏的節奏裏說一個關於認識自己的故事。詩的形式很齊整，共四節，每一節裏四行。細讀這首詩，給人一個明顯的感觸是，每一節的第三行與該節的整體是不那麼協調的，我們不妨回過頭來試讀第一節：

　　　　什麼鳥兒伴著你飛去，

　　　　那海鷗的巢在哪兒，

　　　　你墮地的哭聲？

　　　　是不是那一片神秘的大海？

抽去第三行再來讀，感覺就要連貫很多了，「那海鷗的巢在哪兒，是不是那一片神秘的大海」，這在語法邏輯上才顯得更加順暢，並且，第一句與第二句之間也進行了跳躍，正常的邏輯是「什麼鳥兒→海鷗→海鷗的巢」，中間的「海鷗」省去了。然而，詩歌的特殊性就在於它的非邏輯性，它甚至以非邏輯來作為它本身的邏輯，我覺得，這也正是它吸引人的地方所在。為方便更好的接近這首詩，我們不妨先將每一節的第三行抽去再來讀這首詩。

　　「什麼鳥兒伴著你飛去了呢？」詩人在那裡自言自語，「究竟是什麼鳥兒呢？唉，我不能知道。」是那海鷗麼？是不是呢？——也許是的吧。由惆悵無望中產生了點點希望，終於尋找到了對象。在此基礎上，他做進一步的臆想，抓住這一絲的線索，海鷗，大千世界，如何去找，他想到了海鷗棲息的

地方，應該到海鷗的巢，到海鷗的家裏去找，尋見了最根本的辦法，他懷抱著小小的欣喜，那麼，就此上路吧。他甚至已做好了出發的準備，然而又轉念一想，可是，海鷗的巢在哪兒呢？茫茫宇宙，是不是在那一片神秘的大海中？海又在哪裏呢⋯⋯他陷入了浩瀚的不可知中，絕望在四面張牙舞爪。詩人本身在做一種劇烈的掙扎。

然而，就詩這一節的語音層來感受，它傳達給人的是一種蒙著淡淡惆悵的情緒，「什麼」、「那」、「是不是」，帶著輕輕柔柔緩緩的感傷（這是四節的一個共性），事實上，一旦進入到寫作主體的內心我們就會發現，伴隨著速度與力量，裏面正翻江倒海。（我們可以作一個圖象來表現主體的情緒變化）

分割開來，每一節細細分析，裏面的情緒結構變化有一定的相似性，尤其是前三節（第四節後面再分析），在自言自語中，寫作主體進入了冥想狀態，他似乎很用力地說服自己，以期實現內心的某種滿足，那一層層帶著正能量的假設（如第一節：

什麼鳥兒

↓

假設是海鷗

↓

海鷗在哪裏

↓

假設在巢中

↓

巢在何處

↓

假設在大海）越發使他覺得希望在膨脹，希望長著翅膀朝更光明的方向飛升，然而發現終點遙遙不可期，這樣，連同前面的所有假設（層層遞進而非個個並列的假設）都遭到毀滅性打擊，他陷入了比最初更深的無望。

但是，這位冥想者（詩人）他是勇敢的，詩節間的空隙地帶是他稍作休息的地方，由無望到希望再到絕望，第一次的歷程完成之後，他調整狀態又重新進行嘗試，就這樣循環了三次（當然這其中存在程度的差異性），直到最後一節的到來。

現在我們再把詩作為一個整體來觀看，在每一小節中，它存在一個自足

的情感邏輯，整首詩它同樣如此。先前抽去的各節中的第三行我們現將其還原：

你墮地的哭聲→你初戀的美→你六月的新娘→寒冷的人哪

我覺得，這是《鳥兒飛去》整首詩的詩魂所在。

前面我們談道了四個小節中每一節內在的小節奏，四個小節既存在相似性又存在差異性。相似性主要表現在詩頭形成的相對固定的結構──「什麼」、「那」、「是不是」，這個結構帶來的效果前文已經作了粗淺的分析，更有意思的則是四個小節它們的差異性，這種差異性主要通過形容詞以及相關的意象來進行表現：

各小節差一項	詩魂行	意象一	修飾語	意象二
第一節	你墮地的哭聲	海鷗（的巢）	神秘的	大海
第二節	你初戀的美	白鷳（的巢）	淒涼的	月
第三節	你六月的新娘	鷦鷯（的巢）	小園裏的	斜枝
第四節	寒冷的人	烏鴉（的巢）	落日裏的	岩石

墮地的哭聲與海鷗、大海之間存在一種怎樣的關係呢？我覺得，這裡的象徵意義是很明顯的。墮地的哭聲，預示著初來乍到，生命體以其自有的獨特方式向整個世界宣告它的到來，這才是真正的開始，以自己為端點。可以想像，一切的開始都有著共同的表徵，赤裸、潔白、純粹、一塵不染……海鷗的聖潔、純白正好與之形成了對應。末句以大海這一意象進行收尾，遼遠無邊，廣闊無垠，整體的畫面是博大的，哭聲充滿力量，對聽覺形成了強有力的衝擊，白色被蒸餾到頂點，對視覺產生了極端的刺激效果。在這樣的情狀下，雖然經歷了第一回的絕望，但生命主體仍然力量尚存，於是我們看到了第二次的嘗試。

初戀是一種怎樣的美呢？臉紅、羞澀、心跳，帶著青春的躁動不安，又伴隨著緊張的欣喜，這甜甜的，且又酸酸澀澀的味道悄悄消融在不及成年的心裏，它像第一朵綻開的鮮花，如此刻骨銘心，但同時，它又是那麼的脆弱，那麼的不現實。白鷳在這裡提供了兩個層面的象徵意義，《禽經》中載白鷳「似山雞而色白，行止閒暇」，白鷳素有「閒客」之稱，這裡更多地是彰顯一種心理狀態，優柔之美若隱若現，不再如第一節中那麼緊張，節奏上起了變化，不再是像海鷗那樣純粹的白；另一個層面的象徵意義則主要與白鷳在中國文

化中的地位相關，白鷳自古即是名貴的觀賞鳥，白鷳高高在上，看者用一種醜小鴨式的目光在一旁悄悄仰視，初戀的脆弱性與不現實性亦恰恰在這裡，初戀的一般結果都是戀愛未遂即戀愛不成功，淒涼的月無疑是對主體內心的一種真實寫照。生命主體在開始後經歷了一段持續性的發展，它開始了第一次對它所鍾情的意義的追求，雖然結果並不美好，這讓它感到惆悵、哀傷。淒涼（並不是淒冷，淒冷的程度要更深）如月般的朦朧籠罩在心上，它強烈地感覺到宇宙的博大與自身的渺小，但是，主體並不選擇放棄，它攢積了繼續追求繼續嘗試的資本，在墮地與初戀之間，它對當初的自己做了一次超越。

在一次又一次的嘗試之後，似乎終於修成了正果。六月的新娘，這是主體所要尋求的結果，能共同分享，不管是喜是悲，能相互倚靠，不管完整或者破碎，寂寞的路上不再孑然一身，這是另一個自己。照正常的邏輯，這裡表現出來的情緒應該是高昂向上的，但帶給閱讀者的卻是一種緩緩的平靜，彷彿人到中年。我們來看本節中的意象，鷦鷯又稱巧婦鳥，在《莊子·逍遙遊》中云：「鷦鷯巢於深林，不過一枝。」它象徵的是一種自足的心態。末句裏的意象變成了斜枝，同第一節的大海以及第二節中的月都有較大的區別，開始在物理距離上貼近，開始變得具體化了，不再是當初的飄渺不定，而是有了一定的現實厚重感。並且，從音韻上讀，「小園裏的斜枝」，以平聲為主調，是一種合乎自然的結束（如中國古詩中的末句最後一個字），那麼，是不是就應該結束了呢？

接下來，讓我們把分析的中心聚焦到本詩的人稱指代上。

前三節的人稱代詞中，用的都是第二人稱「你」，每一節中兩個，最後一節中用了「你」和「寒冷的人」。這是一個關鍵的變化，我覺得可以這樣理解，它是寫作主體在自語自話中不斷追尋主體自我的一個過程。起初認為是我和「別一個對象——你」在進行對話交流，到最後才發現，這「別一個對象——你」不過就是我自己——myself，清楚地認識到這一點後，生命主體已經精疲力竭，「烏鴉」、「寒冷的人」、「落日裏的岩石」，這些都與死亡，都與結束在暗地裏契合，鳥兒的顏色，起初由海鷗的純白到白鷳的白，再到鷦鷯麻一樣的黯淡，最後統歸到烏鴉的純黑，在第三節合乎自然的結束基礎上又進行了一次總結性的更具深刻性的結束，這是真的結束了，它不會再有掙扎的力氣了，同時，它也不須要再進行掙扎了。

所以綜合起來看，我覺得，《鳥兒飛去》一詩是一首體認生命節奏過程的

詩。從海鷗到白鷉、鶺鶒、烏鴉，從「神秘的」、「淒涼的」到「小園裏的」、「落日裏的」，從海、月，到斜枝、岩石，這些都不重要了，重要的是在這個過程中，生命主體認識到了生命主體自身，「認識我自己」，大概是這首詩的真正魅力所在吧。

──選自王澤龍的新浪博客

附錄：

鳥兒飛去

什麼鳥兒伴著你飛去，
那海鷗的巢在哪兒，
你墮地的哭聲？
是不是那一片神秘的大海？

什麼鳥兒伴著你飛去，
那白鷉的巢在哪。
你初戀的美？
是不是那淒涼的月？

什麼鳥兒伴著你飛去，
那鶺鶒的巢在哪兒，
你六月的新娘？
是不是那一條小園裏的斜枝？

什麼鳥兒伴著你飛去，
那烏鴉的巢在哪兒，
寒冷的人哪？
是不是那落日裏的岩石？

──選自詩集《鹿遇》（1948）

淺析朱英誕的《遊子謠》

王夢潔

　　朱英誕的《遊子謠》細細讀來，少了些許遊子的悲哀，卻多了份無奈！

　　「門在哪兒啦，先生？」

　　「在哪兒，先生。」看似簡單的兩句詩，卻包含著遊子們內心情感的變化。

　　「門」是什麼，是回家的期望，是回家的指路燈。遊子們從最初孜孜不倦地尋找「門」到最後連自己都不知道要找的是什麼，從最初充滿希望地詢問到最後彷彿只是喃喃自語，這樣的改變是因為遊子們對回家已心如死灰，沒有任何期待了！啊！漂泊在外的遊子們，苦難打不倒你們，孤單摧不毀你們，那是什麼讓堅強的你們對歸家死心呢？或許是當一次又一次的希望變為失望後，你們真的絕望了！注定終身漂泊，或許這就是你們的宿命吧！

　　「鐵軌與鐵軌是等號，野原裏的小橋是蜂腰。」看似隨性的景物描寫，卻隱藏著淡淡哀傷。望著當初將自己帶離家鄉的鐵軌，似乎看到了歸家的希望，但是鐵軌與鐵軌是互相平行、永不相交的，這是否也預示著回家的路與離家的路看似一樣卻永不一樣。當初鐵軌將遊子們帶離家鄉時，它是新奇的，象徵著外面五彩斑斕的世界，飽含著對未來的美好憧憬；但如今，它就像它那冷冷的外表一樣，使遊子那顆冰冷的心更加淒冷，充滿著絕望。鐵軌與鐵軌之間的等號永遠只能是數學意義上的等號，在遊子們的心中它們永遠無法相等。那「野原裏的小橋」是幻覺嗎？為什麼與那家鄉的小橋如此相似，連形狀都似「蜂腰」一般，遊子們曾在上面與同伴嬉戲，與愛人共賞落日的餘暉，與親人依依惜別，這些小橋承載他們對家鄉所有美好的記憶，但是這些美好的記憶現在卻是最殘忍的，它無情地撕扯著遊子的心。小橋雖是一樣，

但這裡卻不是自己的故鄉，並且自己永遠也回不去了，這怎能不令人悲傷！朱英誕詩歌意象往往給人以廣闊的感覺，那無限延伸的鐵軌和一望無際的原野給人的正是這種感覺，而這種廣闊也給人帶來一種毫無希望的傷感。

「用陽光做肌膚，用圓做心」，這種與自然零距離的接觸本是多麼美好的事啊，可是「多少步路，你獨自成為一群」，再美的景色，如果沒有人與你共賞，那美麗多少也有了些悲涼的味道。你漂泊在外，走過多少路，看過多少風景，但你始終是一個人，每當夜晚來臨，人群漸漸散去，寂寞侵蝕著你，那顆寂寞的心已被漸漸抹去稜角，變成了圓形，感受不到寂寞的痛。「獨自」與「一群」形成強烈的對比，原來你總是寂寞的！

所以，當「朝山的客人們」聚在一起時，「正好講故事」，你們一直都是獨行者，一直與陽光做伴，今天終於遇見可以傾訴的對象。於是你們談論溫暖的陽光、重現沿路美麗的風景、分享遇到的奇人異事，每個人臉上都掛著笑容。漸漸地你卻發現好像從你們的笑容中看不到快樂，原來你們並不是真正地開心。你們敘說的並不是自己，而是對漂泊在外的「影子」的描述，你們只是它的「行吟者」！怎麼會這樣呢？因為你們厭倦了這種遊子生活，你們已經感覺不到自己的存在，你們的靈魂早已回到那魂牽夢縈的故鄉，留下的只是一副軀殼而已！

「每當雨天，或是秋季到來，遊子的鄉愁成為美食了。」讀到此處，沉重的心情忽然之間輕鬆了，嘴角忍不住泛起一絲微笑。自古以來，孤冷寂寥的雨天和秋季總是給人一種莫名的哀傷和愁緒，更何況是漂泊在外的遊子呢！古人也常被這天氣所感染，例如劉禹錫的：「何處秋風至，蕭蕭送雁群。朝來入庭樹，孤客最先聞。」但是當我讀到這句詩時，因秋而發的悲傷在一笑間漸漸淡去，朱英誕匠心獨運地將雨天和秋季擬人化，把那濃濃的鄉愁比喻為美食；不說遊子思鄉之苦，卻說雨天和秋季享受美食之樂，使全詩的氛圍略帶俏皮，這與以往的遊子思鄉詩中總是彌漫著傷感氣息有所不同。這種天馬行空的想像也正好符合朱英誕詩歌不拘一格，想像獨特的風格。

「但春此刻過了深，而窗外的落紅又如海了」這句詩是化用秦觀的「春去也，飛紅萬點愁如海」。朱英誕是朱熹後代，父親也精通舊體詩詞文，所以朱英誕從小就接觸到古典文學，並且他本身也是非常喜愛舊體詩詞，這些都會影響到他的詩歌創作，如他經常在詩歌中化用古詩詞。但是朱英誕畢竟受過西方文化的薰陶，所以在化用古詩詞時，也會加入西方因素。「但春此刻過

了深」本意是說春光流逝，但是詩人卻匠心獨運地用「深」來形容春天，不僅是指時光的流逝，也是指遊子們的思鄉之情更濃了，一個「深」字一語雙關，這種巧妙的搭配也使詩歌的意境更加優美。「落紅」在這裡不僅表明春的逝去，也暗指遊子們對家的眷戀之情。「落紅不是無情物，化作春泥更護花」龔自珍在《己亥雜詩》中用「落紅」來表明自己雖然脫離官場，卻依然關心國家命運。遊子們雖歸家無望，然而他們總是如「落紅」般對家有著深深的眷念。而一個「又」表明遊子這種如「海」般的思鄉愁不是偶然有之，而是常常發生的。另外海是藍色的，與前面的落紅的「紅」色形成色彩對比，能夠給讀者帶來視覺上的衝擊，從而震撼到內心。在讀者沉浸與遊子思鄉之情時，全詩收尾，留給讀者的只剩無奈！

結束此詩，我不禁想起戴望舒先生寫的《遊子謠》，戴望舒和朱英誕都曾受過象徵主義的影響，在《遊子謠》中，象徵主義的運用十分明顯，但是二者卻同中有異。在戴詩中，詩人將家園比喻成為「蜘蛛的家」、「荔枝的家」、「鳥雀的家」，想像奇特，並且將「沉浮在鯨魚海蟒間」的舟子作為「遊子」的側面來表現鄉愁，角度也很新穎，戴詩中的意象具體，讀者能更直接感受到遊子的思鄉之情；相比較而言，朱詩中的意象選擇較抽象，表達感情也較委婉，如用「門」來比喻歸家之路，「鐵軌」與「野原裏的小橋」暗指家鄉，「落紅」來表達對家的眷念，總的來說朱詩中的意象更加清新、宏闊，給人以無窮的想像空間。

雖然兩首詩表達的都是遊子思鄉之情，但是側重點各有不同。在戴詩中，遊子的情感是一個循環往復的過程，由「薔薇」觸發思鄉之情到思鄉之情被理智所壓抑。「讓家園寂寞的花自開自落吧」，但最終思鄉之情無法抵擋，「遊子的鄉愁在那裡徘徊」。戴望舒先生巧妙地抓住了這種循環，細微地展現出遊子的內心世界：他既有堅強的意志，又有不以意志為轉移的情緒波瀾。全詩充滿了內心的鬥爭，表達的感情始終是激烈的。而朱英誕先生的《遊子謠》雖然表達的也是遊子思鄉之情，但是感情基調是溫和的。在品讀朱詩的過程中，我們感受不到那種大起大伏的感情衝擊，遊子的思鄉之情彷彿涓涓細流緩緩流進讀者的心中，感染著讀者。

而二者最大的區別應屬語言上的區別。由於戴詩表達的感情是充滿矛盾的、激烈的，所以它的語言更為直接，前後銜接緊密，讓讀者能強烈地感受遊子內心的矛盾掙扎。而朱英誕先生的整首詩語言柔和，化用了較多的古典

詩詞，雖然詩歌抒發的是思鄉之苦，但是語言卻略帶俏皮，並且語言前後跳躍性大，巧妙運用陌生化手法，給讀者留下更廣闊的想像空間。

參考文獻：

1. 馬雪潔，《沉默的冥想者朱英誕研究述評》，《江漢大學學報（人文科學版）》2012 年第 6 期。
2. 李世昌，《薔薇澱灩，醉了鄉愁——望舒〈遊子謠〉賞析》，《中學語文：讀寫新空間》2010 年第 11 期。

——選自《文學教育》2013 年第 5 期

附原詩：

遊子謠

「門在哪兒啦，先生？」
「在哪兒，先生。」

鐵軌與鐵軌是等號，
野原裏的小橋是蜂腰。

用陽光做肌膚，用圓做心，
多少步路，你獨自成為一群

朝山的客人們：正好講故事啊；
你悲觀於影子的行吟者，

每當雨天，或是秋季到來，
遊子的鄉愁成為美食了。

但春此刻過了深，
而窗外的落紅又如海了。

——（選自《殘夢》（一九四七～九四八年）

一個失怙之子的夢囈
——朱英誕詩歌《懷念母親》簡析

石燕波

　　詩歌是最凝煉最含蓄，同時也是最難讀懂的一種文學體裁。對於同一首詩，可以有無數闡釋，但只有切合作者所思所想的才是最「本真」的解讀。後記往往成形於詩人罷筆後的意猶未盡，也脫胎於詩人心緒的不吐不快。於是，後記就成了後人試圖突破「桃花林」迷障的幽徑。有時寥寥幾十個字，就能點石成金，從紛繁複雜的猜測中凸現出作者的本意來。朱英誕這首《懷念母親》也是如此。為了不至在解剖這首詩，在尋嗅詩人朱英誕 67 年前的思緒時走上彎路，筆者靜下心來，先梳理了一下這首詩的後記。

> 　　母親於廿四年前故去時，只有廿九歲，我則九歲，今我已卅三歲，母親則五十三歲，然而夢中顏色，殊不見絲毫衰老，與肖像同。
> 　　民卅四年四月十五日記，於北京舊居。

一個「夢」字，點明了這首詩的緣起。後記表明，這首《懷念母親》寫於 1945 年，它的問世緣於詩人朱英誕的一個夢。夢中，朱英誕見到了他已經故去 24 年的母親。正常來算，母親辭世已經 24 年，她的生命也應當定格在了 29 歲，而朱英誕卻比照著自己，憑空給母親添了 24 年的壽命，所以才有了母親 53 歲了的這麼一說。但 53 歲的母親潛入朱英誕的夢中，卻仍是舊時顏色，絲毫不見衰老，這是為何呢？或許是因為朱英誕對母親的記憶，也永遠停留在了 1921 年。

> 當風吹著草葉的時候
> 我想往訪您，母親。
> 我想抓住您的衣襟，
> 依舊，像兒時

起筆，朱英誕直抒胸臆地點出了標題。見到風中搖曳的草葉，朱英誕沉澱已久的思緒翻湧而出，觸景生情地想起了母親，這顯然是對中國古典詩詞中起興手法的運用，但這個尋常的意象何以會觸動詩人的思母情懷呢？答案在下一句詩中揭曉了——「我想抓住您的衣襟，依舊像兒時」。孩子揪住了母親的衣襟，他白胖的手和母親的衣襟蕩漾在空中，不正像風從草葉上吹過，草葉被風拽著搖曳嗎？這兩個輕柔而自然的意象交疊在了一起。孩子依賴著母親的保護，正如草葉倚靠著風的活力。朱英誕曾寫過一件軼事：「記得經過庭院，我怕黑，母親領著我，用手一扯，道：「有我哪！」」〔註1〕這就是朱英誕關於母親「最早的記憶」〔註2〕。兒時主動伸出來的那隻手是再也等不到了，朱英誕只能試圖抓住母親的一角衣襟。寫這首詩時朱英誕已33歲，33歲的朱英誕還去牽母親的衣角是滑稽的，但詩人顯然已經忘掉了自己的年齡，在母親面前，他只是一個怯怯地亦步亦趨的孩子。母子之間本該親密無間，但詩人卻用「往訪」這個生疏而隔離的詞彙小心翼翼地搭建著自己和母親之間的橋梁，一方面點出了母子分別之久，一方面也引出下節艱辛的「往訪」之路。

> 但我不知道由哪兒走去
>
> 我的馬匹正受著傷
>
> 我的車輛也毀壞了……
>
> 應該經過些什麼地方啊

如果說第一節是朱英誕從夢的餘溫裏萌發了見到母親的渴求，那麼第二節則是夢醒時分希望的破滅。朱英誕夢醒後，清楚地知道母親已經不在了，夢中明晰的目標模糊了。因為他「不知道由哪兒走去」，也不知道「應該經過些什麼地方」。禍不單行，詩人長途跋涉的裝備也出了故障，「馬匹」受傷了，「車輛也毀壞了」，「馬匹」和「車輛」象徵著詩人在尋找母親的過程中遇到的重重阻礙。朱英誕與母親其實是天人永隔，無路可走，而朱英誕「往訪」母親走的正是這樣一條「無路之路」。傷馬嘶鳴，詩人坐在破損的車輛上前行，在白茫茫的曠野中舉目四望，悲壯而蒼涼。在這節裏，朱英誕是個找不到母親的孩子，他在尋訪母親的途中迷失了方向。

〔註1〕 陳均：《朱英誕瑣記——從〈梅花依舊〉說起》，《新文學史料》2007年第4期。

〔註2〕 陳均：《朱英誕瑣記——從〈梅花依舊〉說起》，《新文學史料》2007年第4期。

> 然而，我終不能擺脫我的夢想
>
> 多麼古怪，什麼時候我都在睇視著
>
> 而且永遠在黃昏暗淡的光裏
>
> 赭石的山巒起伏，銀魚滑過

第二節裏，朱英誕「往訪母親」的旅途遭遇了困境，朱英誕已然意識到，見到母親的希望是渺茫的，但朱英誕沒有妥協。他清楚地知道，自己無視現實，寄望於不可能，是偏執的、「古怪」的，但他「終不能擺脫」他的「夢想」，不管「什麼時候」，他都睜大眼睛「睇視著」，「在黃昏暗淡的光裏」，期待著奇蹟的出現。日有所思，夜有所夢，「夢想」二字暗暗點出後記中所說，本詩緣起於夢。後一句則是夢境一樣的敘說：「黃昏」「暗淡的光」「赭石」「山巒」「睇視」著的詩人，詩人用這幾個「靜」的意象營造出了一幅朦朧幽靜的湖光山色圖。黃昏時暗淡的景色可以理解為朱英誕在失意之際所見之實景，也可以理解為他「往訪」母親途中的前路未卜，「銀魚」則帶來了一線生機，它的「滑過」既撕裂了實寫中死寂的「靜」，也象徵著朱英誕心中沒有熄滅的星星之火。作為一位深受中西文學和文化影響的詩人，朱英誕積極尋找中西詩歌藝術的融合點，將古典的意象與現代白話完美糅合，創造出了屬於自己民族的現代詩。

> 母親，長久不見了
>
> 是誰為你積累了這麼多歲月
>
> 無窮的優游者
>
> 或是，在您的或我的小窗間眺望

不願接受母親已經不在了的事實，朱英誕在第四節重又沉溺於已經醒來了的美夢中，並開始與母親直接對話：「母親，長久不見了，是誰為你積累了這麼多歲月？」朱英誕望著母親疑惑不解，為何 24 年不見了，母親的面容卻仍如往時？說道這，不得不提起朱英誕的另一首詩《母親的肖像》：「哦母親，你是這樣年青／以致我永遠不曾懷疑過你／是生活著，像我們一樣／在我們之間，我們在你的身邊……直到我輕輕拂去你的微塵（在你的小窗的玻璃上）」在這首詩中，詩人凝視著母親年輕的面容，恍恍惚惚以為母親尚且健在，直到指尖觸碰到母親的「小窗玻璃」上的「微塵」，才赫然驚醒。筆者以為，「小窗」是裝裱母親肖像的相框。詩人將相框比作「小窗」，是因為母親的音容笑貌如此生動，母親就盈盈立在窗的那頭，一伸手就能推窗而出。朱英誕在此

時失憶了，他刻意忘掉了母親已死的事實。「無窮的優游者」，「在您的或我的小窗間眺望」，在詩人眼中，母親已然跳出了人間生老病死的枷鎖，她超然於物外，所以她悠然自得，而「無窮的優游者」——時光卻不依不饒地從詩人身上碾壓而過。在天上的母親，在人間的兒子，勾連他們的，是什麼呢？是母親對兒子的牽掛，也是兒子對母親的思念。朱英誕神遊時不禁開始想像，在自己凝視著母親的肖像以解思念之苦時，另一個世界的母親，雲淡風輕的母親，又在幹什麼呢？是否也在惦念著她的孩子？

> 您永遠是那麼年輕
> 我如何能夠衰老
> 我將如此語默無常
> 在沒有見到您之前

與上一節相呼應，朱英誕再次感慨了母親在歲月面前的從容不迫。在另一個世界裏，時間是凝固的，膠著的，生命是永恒的，而在人間，時間卻是沙漏，一分一秒都在侵蝕著詩人。母親尚且還如此年輕，自己又「如何能夠衰老」？但詩人又不能不衰老。阻礙詩人的，是自然，是永恒的生命規律，而朱英誕卻明知不可爲而爲，他誓要打破這一屏障。「語默」源出於《周易・繫辭上》：「君子之道，或出或處，或默或語。」〔註3〕意思是，君子處世待人，有時可外出行事，有時要安居靜處，有時要沉默寡言，有時可暢發議論，即該做什麼就做什麼。可朱英誕卻不顧孔子的勸誡，執意要一時沉默寡語，一時胡言亂語。詩人何苦如此呢？往下看，詩人「語默無常」的前提是「在沒有見到您之前」。如果說在第一節詩人只要能見到母親，幻想著只要再抓一次母親的衣襟就能滿足了，他此時的感情就更加濃烈，他的要求也更加迫切了。我們知道，在欲望得不到滿足時，孩子會用放聲大哭等一系列懲罰自己的措施來讓大人焦慮，並以之爲籌碼達到自己的目的。步入中年的朱英誕已經不能再放肆地滿地打滾了，所以他選擇用這樣一種稍成人，但也十分反常的方式來「威脅」母親，他要逼著她爲自己記掛，逼她從另一個世界裏現身。或許詩人記憶中也曾有過這樣子的「勝利」，所以再次使出了這伎倆？詩人將一顆天真的「童心」赤裸裸地袒露在讀者面前，勾起了讀者對自己童年趣事的回憶，讓讀者在失笑的同時也更加理解朱英誕對母親的懷念之深。

〔註3〕黃壽祺、張善文：《周易譯注》，上海：上海古籍出版社，2001年，第543頁。

> 我找不到一條梯形的崎嶇山路
>
> 我終於會找到它
>
> 但是，母親，您是怎麼到達的
>
> 那奇異的國土

上一節中，詩人袒露了他孩子氣的一面，而這一節，朱英誕開始下定決心，一定要找到母親。他知道，要找到母親，就要經過一條「崎嶇山路」，那條路是魯迅先生筆下的一條沒人走過的路，甚至都不知道有沒有路的路，但是朱英誕相信，自己「終於會找到它」。值得注意的是，這條「崎嶇的山路」是「梯形」的。弗洛伊德曾說，人一離開母體就會產生一種神經性焦慮，無論是窮盡浩瀚宇宙的尋找，還是追溯亙古久遠的歷史，一直以來人類都在追問著生命的起點。「梯形」「山路」正是這樣一個迴環往返的符號，它象徵著詩人回歸母體的衝動。詩人彷彿又看見了母親多年前離世的情景：24 年前，母親被宿命羈押著，就在那條看不見的路上與自己漸行漸遠，一步步到達了「那奇異的國土」——神秘莫測的彼岸世界。詩人按捺不住向母親發問：母親，您可知道，兒子在追尋您的路上走了多少冤路，吃了多少苦？怎樣才能見到您呢？可憐的，能給您的兒子指個方向吧！

> 我在您的永遠看著我
>
> 走過來走過去的目光裏
>
> 我問著這個，問著那個，而您卻一味的
>
> 笑而不答。

最後一節，朱英誕仍舊沉浸在與母親的對話裏。在《終生的懷念》一詩中，作者寫道：「或者母親正做著懷念我的夢」，詩人不願意自己的思念是單向的，他要求母親與自己對等，所以他主觀上將母親設定成「永遠看著我」，他想像著自己在人間走來走去，在人生道路上失意、停頓、蹉跎，在尋訪母親的途中四處碰壁，這一切都落入了天上的母親的眼裏。母親對於她的孩子，必須是掛念的。對於母親，朱英誕有那麼多的疑問，那麼多的想像，他想要母親回答，所以他「問著這個，問著那個」，而母親，卻「一味的笑而不答」。這句話可以有兩種解讀，一種是，朱英誕看到的母親是自己思念心切而幻想出來的，只是一個幻象，所以不能解答他的困惑。另一種解讀則是，母親與他已是兩個世界的人，母親雖然知曉所有的答案，卻不能打破規則告訴他，只能由他自己去領悟。朱英誕對母親的追問，既是追問著母親的下落，也是對

生命哲學的追問。最後兩行詩帶著一種神秘主義的味道，也蘊含著詩人的哲學思考，給讀者留下想像的空間。

這是一篇象徵主義占支配地位的詩作，通篇都是詩人的夢囈。正文裏雖然沒有提道夢，但它卻是因夢而起，因夢而成。「夢」這個意象在朱英誕的詩歌中出現頻率很高，也有著特殊的地位。詩人在詩歌《如夢》中曾寫道：「夢？就是那些沒有必要對誰述說的／可是自己知道得最清晰的／心靈的歌曲」。在《一場小喜劇》裏，詩人也說：「我只是『詩人』，逃人如逃寇。一向只是爲自己寫詩，……如果現代都市文明裏不復有淳樸的善良存在，那麼，至少我願意詩是我的鄉下。」〔註 4〕現實中的屢屢碰壁讓朱英誕成了一個喑啞的歌者，無法吐露的心聲借由詩歌傾瀉而出，詩歌和夢境就是他的烏托邦。在這首《懷念母親》裏，「夢」指向一個神秘莫測的彼岸世界。

朱英誕一生都在懷念母親，他寫了很多首以懷念母親爲主題的詩，其中一首《失怙之子》中寫道：「年輕的母親，你到哪裏去了呢？生命樹沒有陰涼，因之也沒有光明啊。」母親就是一棵給予庇護和溫暖的「生命樹」，失去了母親的詩人就像一株沒有根基的浮萍。只能通過詩和夢來實現與母親的對話，來彌補現實中的不圓滿。全詩通篇都用第二人稱「您」來敘事，是面對面的交流，心與心的碰撞。廢名曾贊朱英誕詩歌「可愛」、「天眞」〔註5〕。筆者以爲，朱英誕的詩歌之所以動人，就在他不矯揉，不造作的一顆「赤子之心」。他將讀者帶回到最美好的童年時代。最好的詩歌，永遠是發自內心的創作。

全詩共 7 節，每節四行，句式齊整，韻律和諧。語言流暢、意象柔美朦朧，塑造出了一個幼時喪母，深深懷念母親的孩子的形象，血濃於水的骨肉之情躍然紙上。從夢起到夢醒，從不肯接受現實而再度絷進夢裏，在感情的宣泄上，這首詩由柔到剛，又由剛轉柔，情感的跌宕推動著整首詩的起伏。每句都飽含一個幼時喪母的孩子對母親的眷戀，也飽含著朱英誕「子欲養而親不在」的傷痛。

——選自王澤龍的新浪博客

〔註 4〕 朱英誕，《一場小喜劇》，《中國文藝》第 5 卷第 5 期，1942 年 1 月 5 日。
〔註 5〕 廢名，《林庚同朱英誕的詩》，《華北日報》，1948 年 4 月 25 日。

附錄：

懷念母親

當風吹著草葉的時候
我想往訪您，
母親。我想抓住您的衣襟，依舊
像兒時

但我不知道由哪兒走去
我的馬匹正受著傷
我的車輛也毀壞了……
應該經過些什麼地方啊

然而，我終不能擺脫我的夢想
多麼古怪，什麼時候我都在睇視著
而且永遠在黃昏暗淡的光裏
赭石的山巒起伏，銀魚滑過

母親，長久不見了
是誰為你積累了這麼多歲月
無窮的優游者
或是，在您的或我的小窗間眺望

您永遠是那麼年輕
我如何能夠衰老
我將如此語默無常
在沒有見到您之前

我找不到一條梯形的崎嶇山路
我終於會找到它
但是，母親，您是怎麼到達的
那奇異的國土

我在您的永遠看著我
走過來走過去的目光裏
我問著這個，問著那個，而您卻一味的
笑而不答。

　　注：母親於廿四年前故去時，只有廿九歲，我則九歲，今我已卅三歲，
母親則五十三歲，然而夢中顏色，殊不見絲毫衰老，與肖像同。民卅四年四
月十五日記，於北京舊居。

（一九四五年四月十五日）

永不磨滅的肖像
——朱英誕兩首憶母詩的賞析

鄭婷、徐慧

　　朱英誕，本名朱仁健，字豈夢，號英誕，筆名有琯朗、杞人、莊損衣，朱青榆等。江蘇如皋人，1913 年生於天津，是宋代著名理學家朱熹的後代。朱英誕成長經歷坎坷，童年不幸。他七歲時母親便離開人世，後由祖母撫養長大。幼年喪母，雖有祖母和父親的陪伴，成長過程中母愛的缺失，造成他在人生的道路上始終伴有一種孤獨感。他在自傳標題上寫著「獻給母親在天之靈」，因爲母親姓莊而把筆名取爲「莊損衣」，種種方式無不是對母親的紀念，似乎只有對母親的思念才能慰藉內心的孤獨。然而，也正是這樣一種經歷塑造了朱英誕含蓄的性格，練就了他默默埋頭苦幹、不問名利的堅韌精神。

　　「母親」是中西方傳統詩歌中經常涉及的主題。朱英誕作爲一名筆耕一生的詩人，三千多首詩作中不乏以「母親」爲主題的作品。如《追念早逝的母親》、《懷念母親》、《終身的懷念》、《母與女》、《母親的肖像》、《楊柳春風》等。本文選取追念早逝的母親和懷念母親兩首憶母詩進行賞析，旨在領略朱英誕詩歌的創作特色，以及凝結在詩歌中的思母之情。

一

　　《追念早逝的母親》選自《小園集》，是朱英誕較早的作品。此時期朱英誕在詩歌創作上體現出「南宋的詞」的特徵，廢名在《小園集》序文中稱其詩爲「六朝晚唐詩在新詩裏復活也」。詩中選用了「夢」、「月」、「鏡」、「一池春水」等一系列古典畫的意象，使整首詩好似一幅簡練優美的寫意國畫，充滿深意和柔情。而眾多古典意象中尤以「夢」的塑造最具特色。

夢是中國古代中重要的審美意象，是詩歌創作中永恒的主題，「在中國五千年文明史中，夢已經衍化成爲一種夢文化，成爲一種民族文化的歷史積澱」。「夢乃是人們對理想與希望的執著追求的一種幻化境界」。夢，以其輕盈、朦朧、虛幻、如煙似霧的美，引發了眾多文人雅士的喜愛，謝朓夢中得句，李白夢筆生花。通過夢意象可以傳達心靈深處豐富細膩委婉的複雜生命體驗。在夢中，人可以不受任何現實約束，自由地呈現對理想的嚮往，獲得一種虛幻的滿足。以夢思人，夢中短暫相聚，重溫往昔幸福，使夢成了離人們最爲溫馨的精神慰藉。

《追念早逝的母親》中的夢首先是一個描述性的意象。縱覽全詩，句首「青天老是蜷臥著」中「蜷臥」一詞用擬人手法寫出了動態的天空，天空慵懶的睡姿啊彷彿是召喚著「我」，於是「我也輕輕入夢」。「夜的深處是母親」在夢裏「我」與母親相遇，而「輕舟觸岸」般的輕擾讓美夢蘇醒，夜深人靜，此時冰冷的月光照耀在「我」臉上仿似母親柔軟的撫摸，餘溫尚存，母親如「明鏡」一樣始終照耀著「我」，然而回味夢境，卻只剩「一池春水」蕩漾著情感的漣漪。通篇以時間爲明線描述了一個「入夢──夢醒──憶夢」的過程，而「入夢」是爲了能與母親短暫的相聚，重溫童年的美好時光，因此全篇又以「憶母」爲暗線描述著「夢」起「夢」落中隱含的情感。

另外，《追念早逝的母親》中的「夢」還是一個擬喻性的意象。這一點從詩句「我看夢／彷彿照著一池春水」中可窺見。夢是人心理潛意識活動的表現，是人在生理和心理受到外界刺激而產生的精神現象，具有虛幻性特點。而此詩中一個「看」字彷彿把「夢」這一虛幻縹緲高遠清虛的意境化爲具體物象，「夢」成了可觀可感的客觀實在。而「照」又賦予了「夢」主觀能動性，「夢」仿似明月、仿如明鏡一般發出「照耀」的動作。此時，描述性意象的「夢」幻化爲立體可感的「夢境」，境中含虛實，營造出一種恍惚迷離若真若幻的藝術效果。「意象虛實相生而形成的意境的空靈美是意象意境化的一個重要特徵。」「看」和「照」這兩個詞的使用使意象意境化。

二

《懷念母親》是朱英誕繼追念早逝的母親之後又一「憶母」之作。1944年，周作人刊發「破門」啓示，沈啓無被迫辭去北大中文系主任之職，朱英誕受此牽連離開北大。抗日戰爭勝利以後，朱英誕婉拒國民黨文聯主席張道

藩的任職請帖，旋即赴東北任教。而《懷念母親》寫於 1945 年 4 月 15 日，此時朱英誕已離開北大卻尚未赴任東北，漸入中年，他面對時局動蕩「發現了現實的虛無」心中不免苦悶，便向「母親」尋求精神慰藉。所以我們不難理解朱英誕在《懷念母親》一詩中對母親的依戀不減反增，仿似孩童般。

較《追念早逝的母親》，雖同為「憶母」主題詩歌，《懷念母親》在藝術創作上獨具特色。首先，寫作方式上，它改變了古典詩歌一貫的「自我獨語」而採取「對話」的方式組織詩句，因而體現其詩歌創作現代化特徵。這種對話方式又包含「我」與「母親」、「我」與「自我」兩方面。

「我」與「母親」的對話主要體現在詩的第一節「當風吹著草葉的時候／我想往訪您／母親／我想抓住您的衣襟／依舊像兒時」，第四節「母親／長久不見了／是誰為你積累了這麼多歲月」，第五節「您是永遠年輕／我如何能夠衰老」，第六節「但是／母親／您是怎麼到達的／那奇異的國土」。通過「對話」的方式拉近「我」與「母親」時空和情感上的距離，彷彿母親就在身邊從未離開過。「我」可以向「母親」撒嬌表達相見的渴望，求解未知世界的種種。仿似一切都可交流，一切疑問都會得到「母親」的答案，思母之情可見一斑。

「我」與「自我」的對話主要體現在詩的第二節「但我不知道由哪兒走去／我的馬匹正受著傷／我的車輛也毀壞了」，第三節「然而我終不能擺脫我的夢想／多麼古怪／什時候我都在睇視著」，第六節「我找不到一條梯形的崎嶇山路／我終於會找到它」。「我」與潛意識「自我」的對話，讓我窺探到自己內心潛藏的情感。雖孤獨、焦慮、迷茫，但對未來都不失信念保有希望。

全詩共七節，從「我」與「母親」、「我」與「自我」對話的詩句在全詩的布局可發現兩種對話方式有交錯和並置的特點。其藝術特色體現在：一方面，兩種對話方式表達著兩種不同的情感，交錯與並置使得情感交織具有韻律，跳躍性的節奏豐富了詩歌情感內涵。另一方面，兩種對話方式體現著詩歌中兩種不同聲音。據巴赫金針對語言的對話性和多聲部提出的「複調理論」，此詩也具複調的特點，不同聲音的交織合奏體現出不同於古典詩歌的音樂美。

另外，情感表達上《懷念母親》體現了含蓄節制、哀而不傷的特點。一詩句「但我不知道由哪兒走／我的馬匹正受著傷／我的車輛也毀壞了……」中省略號的使用。不識路、馬受傷、車毀壞等虛擬意象均表達了「我」訪母

而不得的迷茫與無助，但作者並未將此情緒放任自流，而用省略號將其略去，節制住無助感在心底的彌漫。另「但是，母親，您是怎麼到達的」中逗號的頻繁使用，具同樣的節制作用。二、詩句「而且永遠在黃昏暗淡的光／赭石的山巒起伏／銀魚滑過」中顏色意象的使用由黃昏、赭石使詩歌底色濃鬱，暗淡無光讓人看不到希望，而銀魚以耀眼的銀白與暗淡形成鮮明對比，如黑暗中一抹希望之光，讓人悲傷卻不絕望。三詩句「然而／我終不能擺脫我的夢想」「我找不到一條梯形的崎嶇山路／我終於會找到它」用直接的抒情方式表達了「我」對人事堅持信念和希望。

<h2 style="text-align:center">三</h2>

《追念早逝的母親》和《懷念母親》雖同為朱英誕「憶母」題材詩歌，但因創作時代背景和作者心境的差異性而各具特色。如《追念早逝的母親》其特徵體現在「夢」這一古典意象的運用以及意象意境化上，而《懷念母親》則突出詩歌兩種對話方式和情感表達特點。雖主題相同特徵各異，但從某種程度上，我們還是能夠發掘兩首詩的一些共性特徵，而這恰好是朱英誕創作風格所在。體現在三個方面：

（一）朱英誕喜歡加入「啊、呢、吧」等語氣詞，使詩歌顯出說話的語調。除開情感表達需要，朱英誕詩歌表現上的通俗化思考與現代詩歌的口語化追求和民間取向相契合。「說道底，新詩的白話選擇，是新詩在語言上對於面向民間走向民間的思想啟蒙目的的具體貫徹。」這種語言表達方式多體現在朱英誕詩歌中「應該經過些什麼地方啊」（《懷念母親》）「母親啊是我鏡」（《追念早逝的母親》）「但是你卑微些吧，平凡些吧」（《一片羽毛》）「但是，誰會來逼視呢？」（忘形）「他們是沒有方言的呢」（《試茶》）「啊，疏密如相知啊，冷暖如聚首」（《夜之寶藏》）。

（二）營造虛實之間的情感距離。朱英誕善於營造虛幻迷離、飄渺朦朧的意境，境中含虛實，通過若真若幻的藝術表現，使人形成「入鏡」、「出鏡」之後的情感落差。詩歌《懷念母親》中的最後一節「我在您的永遠看著我／走來走去的目光裏／我問著這個／問著那個／而您卻一味的／笑而不答」，母親的「目光」永遠注視著我，無論「我」走向何處都會有母親追隨的目光，她彷彿真實的存在於「我」的生活裏切實可感。然而，當「我」與母親交流的渴望沒有得到回應，現實逼迫「我」不得不面對「我」與「母親」早已身

處兩個世界的事實。《追念早逝的母親》「明月」、「鏡」、「看夢」等意象也具同樣的表達效果。「明月」照亮了夢，卻照走了夜深處的母親，她的氣息如「明月」般可感卻遙不可及。母親是「我」鏡，我們似乎離的很近甚至可面面相覷，卻永遠無法走入彼此的世界。「我看夢」一個「看」字將我從夢中剝離，夢裏有母親，「我」與「夢」卻是主客體的關係，「我」不再是夢中人，「我」走不進夢裏，尋不到母親的蹤跡。虛實相生的意境，讓「我」真切的感到與「母親」無法逾越的距離，任憑「我」的思念之情再真切，也只能讓思母而不得無限惆悵彌漫在這段距離之間。

（三）「妙在不明言」的藝術特色。「不明言」是蔡慶生在其文《妙在不明言——朱英誕詩歌欣賞》中對朱英誕詩歌藝術特色做出的總結。「不明言類似中國畫的『留白』技巧」，「是一種含蓄，比說出來更震撼人心」。「留白」技巧在朱英誕詩歌中的體現就是「淺入深出」，引發讀者聯想。《懷念母親》中的「笑而不語」和《追念早逝的母親》中「一池春水」均體現「留白」技巧的運用。《懷念母親》中「我」和「母親」的對話飽含著作者對母親的思念之情，因想親近「母親」，便不斷設問試圖和母親交流，而所有思念、渴望、好奇的感情都凝結在「笑而不語」中。母親的「笑」是慈祥而神秘的，像一個猜不透的謎，似乎沒有答案，似乎又有跡可循，似有似無之間引發讀者的無限想像。《追念早逝的母親》中「夢」是「我」織夢憶母的過程，「一池春水」是「我」心境的真實寫照。「夢」滅，夢中「母親」的模樣卻若隱若現如和煦的春風攪動了情感的漣漪，慢慢向更幽遠的地方蕩開去，所有的思緒，思念也好，惆悵也罷都將不自覺隨之飄向那個空幻飄渺的想像世界。

錢理群在《現代文學三十年》評價朱英誕「是陶潛風範的渴慕者，在『人淡如菊』的閒適的日常生活背後題為自然人性的真意」。朱英誕性格含蓄，內心高遠，為人低調，詩風內斂，淡泊名利，不與環境抗爭。他沒有在時代的動蕩中隨波逐流，也沒有在紛繁的人世中迷失自我，而是始終保持對詩歌的執著與熱愛，筆耕一生，留下了三千多首作品。雖然公開發表的作品為數不多，本文對《追念早逝的母親》和《懷念母親》的賞析也並未能完全概括朱英誕在詩歌創作上的特色。但其作品的研究已經受到越來越多研究者的重視。相信在不久的將來，這位治學態度嚴謹古文功底深厚的詩人會進入更多人的視野，文學史定會重估他的價值，朱英誕也會獲得應有的認可。

參考文獻：

1. 倪貝貝、朱英誕，廢名新詩理論比較研究〔J〕，江漢大學學報，2012 年（5）。

——原載《湖北函授大學學報》2013 年第 7 期

附錄：

追念早逝的母親

青天老是蜷臥著
我也輕輕入夢
夜的深處是母親
夢乃若輕舟觸岸而醒
明月照在我臉上
母親啊是我的鏡
我看夢
彷彿照著一池春水

作於一九三六年

雨夜獨徘徊：與時代和理想的多重對話
——淺析朱英誕的詩歌《苦雨》

劉　暢

　　於 20 世紀 30 年代蓬勃發展的中國現代主義詩潮，爲中國新詩帶來了一個充滿創造力的黃金時代。現代詩的倡導者和實踐者果斷摒棄了象徵派的怪誕和格律詩的嚴苛規範，自覺探索著西方象徵主義與中國古典詩歌相融合的路徑。然而抗戰的到來和時局的動蕩，讓這個自古就缺乏象徵主義哲學基礎的國度重新舉起了「文以載道」、「文章合爲時而著，歌詩合爲事而作」、「先天下之憂而憂」的現實主義大旗，人們不再去關注純詩、抒情、意象和個人情緒，而是將那些狂熱的、爲民族奔走呼號從而發揮戰鬥作用的詩歌奉爲圭臬。

　　在中國北方淪陷區，對於詩歌本身的探尋和堅持面臨著更加嚴酷的考驗。但儘管如此，仍有一批年輕的詩人活躍在詩歌創作的前沿，在時代氛圍的重壓下，默默固守自己的理想、傾訴內心的聲音、尋求生命的意義，勇敢地進行著現代主義詩歌的嘗試和深化。朱英誕就是這批詩人當中的代表。當然，他的「另類」很難見容於社會。在歷史和文化夾縫中艱難前行的他，將詩歌當做漫長道路上執著追求的信念，用盡一生心血去建構一座詩歌的城堡，並將自己的全部身心安放於此。在這座城堡中，不僅交織著古典與現代的多重元素，還蘊藏著詩人在時代邊緣的自省、掙扎與堅持。據統計，朱英誕創作新詩近 3000 首，這在整個新詩史上都具有非凡的意義。

　　創作於 20 世紀 40 年代的《苦雨》是他的一首代表作，這首詩歌以對話的形式呈現出詩人在時代漩渦中的迷茫與困惑，凸顯其個人理想無法實現的

落寞和精神的宣泄。詩人用獨特的體式完成了與自我、音樂、古典和當下的多重對話，其交錯的詩行、齊整的韻律和豐富的意象都極富研究價值。

一、與自我對話：逆境中掙扎的獨語

　　詩歌的題目「苦雨」是詩人所建構的一個整體意象，它包含著雙重意蘊：一方面，淒冷的雨夜成爲詩人情緒表達和詩歌內容生發的背景和環境，渲染著詩歌的藝術氛圍；另一方面，「苦」作爲整首詩的關鍵，在字裏行間游離，奠定了詩歌壓抑、孤獨的基調。在這樣陰霾的天氣和氛圍之下，詩人開始了與自我的對話。中國現代主義詩歌一個典型的變革便是對「自我」的關注，並通過向內心的開掘，傳達主體的苦悶與渺小。「『自我』在人與社會關係中，成了遭致社會壓迫的軟弱無能的自我；在人與人的關係中，是一個孤獨冷漠的『自我』，在人與『自我』的關係中，是靈肉分裂的痛苦的『自我』。中國現代主義詩歌以『自』爲中心，將外部世界的種種感受內化爲心靈的苦悶、孤獨、悲傷。」〔註1〕

　　詩歌以「無怪人們說」這樣口語化的表達開端，運用不同的句式和頻繁的人稱轉換完成與自我的對話，整首詩可以看做是詩人的喃喃自語。詩歌第二小節寫道：「叫你還訪友，出城！」出城訪友本是好事，在這裡卻變成了詩人對自己的苛責，從這裡可以推斷詩人訪友的過程不甚如意；而下一句「我也送？送」則用了一個設問句，把作者內心的掙扎表現得淋漓盡致，詩人對自我的反省和質問，實際上是在訴說身不由己的困境和際遇。第四小節「將就點吧，放下『詩』，好」是整首詩的關鍵句。詩人讓自己不要再固守詩歌理想，並回答以「好」，其實是對自己進行假意的勸說，回答得越肯定，越能顯示出作者滿心的無奈與悲涼，顯示出他在詩歌創作道路上遭遇的種種不順遂。朱英誕曾說：「我只是『詩人』。逃人如逃寇。一向只是爲自己寫詩，然而我對於詩卻永遠是虔誠的……詩是精神生活，把眞實生活變化爲更眞實的生活。」〔註2〕在《詩論四篇》中，他更是提道「當寫著詩的時間，幾乎忘掉了自己的存在，而這些時間並未消逝而是融化在詩裏，這時間似乎就成爲最美麗的實物了」。寫詩的時候忘記自我，時間都因詩歌而變得美麗，足可見詩人的愛之切。這就再一次證明詩人與自我的對話，只是他在重壓之下於精神

〔註1〕 王澤龍，中國現代主義詩潮〔M〕，武漢：華中師範大學出版社，2008年：9。
〔註2〕 朱英誕，一場小喜劇〔J〕，中國文藝，1942年，5（5）。

層面爲自己找到一個宣泄的出口，而這些宣泄，更是對整個時代的一個深沉的叩問：難道這個社會已容不下一個詩人，容不下一顆愛詩的心？難道只有「放下詩」才能明哲保身，才能求得解脫？

詩歌所表現出的對話體式，實際上是詩人運用反諷來表達個人理想與內心壓抑的工具；與自我對話，既完善了自由詩參差不齊的句式，也更深層次地表達了其內心感受。

二、與音樂對話：齊整的韻律與抑揚的節奏

詩歌的音樂性是西方象徵主義詩派創作的重要原則，主要表現爲語詞選擇和詩句組合遵循一定的音韻和格律形式。20 世紀 30 年代音樂性逐步被中國現代主義詩潮所吸納，從而內化成中國現代主義詩歌的一大特徵。《苦雨》的音樂性，既和法國象徵派的追求一脈相通，同時也出自中國古典詩詞傳統。在雙方面的影響之下，《苦雨》在詩歌韻律和節奏上都顯示出了極強的音樂感，齊整的韻律與抑揚的節奏與自由詩體之間形成了一種內在張力。

《苦雨》共有 5 個小節，第 1 節和第 3 節都用「無怪人們說」作爲開端，運用疊句形成了語言和結構的迴環；除此之外，這兩小節在用韻上也完全相同，第 1 節當中的「樹」與「步」、「扎」與「家」，第 3 小節的「你」與「裏」、「動」與「夢」，全部採用第一行與第四行押韻、第二行與第三行押韻的方式，這樣的方式也被稱爲抱韻。而第 2 節與第 4 節也採取了同樣的用韻，第 2 節中的「返」與「安」，第 4 小節的「剖」與「走」，都是第二行與第四行押韻。全詩的最後一節轉變了押韻方式，將第一句與第三句、第二句與第四句進行押韻，韻腳分別是「寐」與「味」、「海」與「買」，這種方式也被稱爲交韻。詩歌在表面看來是典型的自由詩格式，靈活使用各類參差的句式，但其內在用韻卻十分嚴格，5 個小節的韻律呈現出 ABABC 的整體形態，前四小節構成迴環，最後一節進行總結。

朱英誕無疑是自由詩的倡導者和實踐者，整首詩歌對話的形態，參差相交的句式，便是現代新詩自由化和散文化的範例。然而他對於新詩的觀念具有客觀性和包容性，他曾在《談格律詩》中提道「自由詩寫熟了，韻律便會降臨」〔註3〕。他強調新詩的創作要自由採用各種句法，但也注重詩歌的音韻

〔註3〕朱英誕，談韻律詩〔J〕，星火，1936 年（4）。

和美感；他不反對純詩化理論，但更提倡多元化的詩學觀，從而將西方與中國古典詩歌理論融合到新詩創作中來。

談及詩歌的音樂性，除了韻律之外，當屬節奏了。「節奏是傳達情緒的最直接而且最有力的媒介，因為它本身就是情緒的一個重要部分。」〔註4〕布洛克在《美學新解》中說：「詩歌最難傳達的意義往往是通過整首詩的音樂和音調揭示出來。詩人心裏明白，要想傳達出某種意義，必須使用什麼樣的音調和什麼樣的節奏。」詩歌的節奏既包括詩行內部的節奏，也包括詩人在詩句中構築的情緒起伏，《苦雨》的對話體式不僅濃縮了詩人的困頓、寂寞和憂鬱，其獨特的句式組合更是與詩人的情緒相互照應，為我們勾勒出一個輪廓清晰的疲倦歸途者的形象。如果將這首詩看成是一首哀傷低沉的歌曲，那麼詩歌中作者的自語可以說是節奏鮮明的鼓點，在詩歌陰鬱的整體氛圍中凸顯詩人對詩歌理想和生存方式的堅定固守。

詩歌第 1 節先描寫歸家路上看到的景物，平鋪直敘又充滿哲思，我們可以體會出作者靜默的思索。第 2 小節則轉入詩人內心的掙扎，用「叫你還訪友，出城！」「歸鴉，晚安！」兩個感歎句和「我也送？送」一個設問句展現內心的波瀾。跟第小節相比，語句縮短，間隔增加，節奏加快。第 3 節重點描述整個時代的大環境，詩歌隨即轉入一種客觀陳述的語氣，取消詩行中的間隔，語句變長，並在第三行「像我們在夢……」中運用省略號放慢節奏，將舒緩的語氣與自己的猶疑迷茫融合在一起，構成情緒上節奏由快至慢的變化。而在第 4 小節，詩人先用幾個逗號將第一句話分割成短促的小段，「五年，十年，廿十年了」，使詩歌陡然轉入急促，「將就點吧，放下詩，好」，不僅進一步加快了詩歌節奏，同時也將全詩的情緒推向了一個高潮，原來詩人所有的痛苦都集中在是否要「放下詩」這個問題上，而最後一個「好」字，集中反映出詩人的無奈、憤怒和絕望，將所有的矛盾衝突推至頂點。難道只有放下詩才能生存，才能保住身上這件「藍布大褂」？詩人在疑問在反思在回答，而這樣的回答其實是一種否定。到了詩歌的最後一節，詩歌從情緒的巔峰慢慢步入平靜，彷彿是長舒了一口氣，「把一下午的寂寞當一個假寐」，不如把這一切當做是場夢，無力改變現實，只能將現實當做虛幻，將虛幻變成現實，看似自我安慰，卻隱藏著詩人更深沉的落寞。這樣的情緒在無形中回歸到詩歌題目所建構的淒苦、悲涼的氛圍之中，在首尾呼應的同時，也完成了詩人

〔註4〕朱光潛，詩論〔M〕，北京：北京出版社，2009 年：117。

情緒的掙扎起伏與平靜。正如戴望舒所述：「詩的韻律不應只存在於文字的音韻抑揚這個層面，而應存在於詩情的抑揚頓挫這內裏」，「它應該隨著那由一種微妙的起承轉合所安排著的，思想的曲線而波動著」〔註5〕。

三、與中西對話：多元化意象體系與現代審美意識

意象是中國古代文藝理論固有的術語，最早見於齊梁時代劉勰的《文心雕龍・神思》：「使元解之宰，尋聲律而定墨；獨照之匠，窺意象而運斤。」這裡的意象指作者在構思過程中腦海中浮現的藝術想像。意象是詩歌的重要元素，是詩歌藝術的基本單位和審美形態特徵，詩人多將生命體驗和靈性之光凝聚在意象中。中國現代意象論在承襲了傳統詩學的同時，更多地汲取了西方的相關理論。朱英誕受到古典文化與西方現代派的雙重影響，在意象的選取和使用上體現出了與古典對話中西交融的藝術特色。

詩歌第 1 小節就引入「樹」的意象，並極富哲理和思辨地將樹和人進行對比：「無怪人們說人像一棵樹／樹也有人形的掙扎」，中國古典文學理論強調比喻是「由心及物」，即作者先有內心感受，再用一個外物的形象來表現，在這首詩中亦如此。詩人先有內心的掙扎，看到路邊的樹，也覺得那枝椏生發像極了人的掙扎之狀，因而這裡的比喻實則是作者情緒表達和形象意蘊的再創造。除了「樹」之外，詩人在第 2 小節引入了「歸鴉」的意象，這二者在中國古典詩歌中都是十分常見的。例如黃昇《賣花聲》中的「數盡歸鴉人不見」，納蘭性德《山花子》中的「愁向風前無處說，數歸鴉」等，都是用以渲染衰敗孤寂的氛圍。詩人將「枯樹」、「歸鴉」的意象結合在一起，不得不使人聯想到元代散曲作家馬致遠著名的《天淨沙・秋思》：「枯藤老樹昏鴉，小橋流水人家，古道西風瘦馬，夕陽西下，斷腸人在天涯。」

同樣是蕭瑟的日暮，同樣的淒涼的景致，剛剛送別友人而又偶遇「苦雨」的詩人，大約與馬致遠一樣，同為斷腸之人吧。歷史與當下在這裡重疊，不同時代的詩人們在這一刻心靈相通。除了古典化的意象之外，詩歌還在第 2 節化用了《莊子・山木》中「送君者皆自崖而反」的典故，不著痕跡地將古句改寫，意在表達送別友人過後的淒清和感傷，從而完成了詩歌的再創造。詩歌結尾「金色的貝，沒有人賣，也沒有人買」，則是化用了戴望舒《尋夢者》

〔註5〕戴望舒，詩論零箚〔N〕，華僑日報文藝周刊，1944 年 2 月 6 日。

「在青色的大海的底裏／深藏著金色的貝一枚」中「金色貝」的意象，用以比喻他的詩歌理想。而在這個時代，猶如珍寶的真正的詩歌卻鮮有人顧及，所有人都在戰爭的喧囂中奔走呼號，詩人本身是不容於這個社會的，這也是整首詩歌之所以會散發出濃鬱孤獨感的原因。

郭紹虞曾在相關論述中寫道：「新詩中原不妨容納舊的，但必須使人不覺……容納舊的以後依舊不妨礙新詩的風格和體制，那才是成功。」〔註6〕朱英誕便是在吸收古典文化精粹的基礎上自覺進行新詩的實驗和創造，詩歌中大量運用了跳躍的意象和現代派的技巧，從而建構了他極具個人風格的穿梭於古典與現代的詩歌美學。從整首詩來看，詩歌前半部分枯樹、歸鴉的意象具有與古典的關聯，後半部「假寐」、「夜」、「水手」、「落葉」的意象則呈現出了如「夢」一般的不連貫性和陌生感，同時，詩歌小節之間相對獨立，客觀上削弱了語段間意義的連綴。這樣的建構方式使詩歌較為晦澀，但也擴大了詩行跌宕的空間，可以說是現代派詩歌一個非常典型的特徵。

「陌生化」一詞最初是20世紀俄國形式主義理論家什克洛夫斯基提出來的，它是俄國形式主義文論的一個核心概念，並提出了諸如「好的詩歌永遠是充滿陌生化」之類的觀點。因而，朱英誕詩歌語言的陌生化與形式的疏離感是對西方理論的吸納和實踐。除了對意象進行陌生化的組合之外，詩人還用反邏輯的方式將詩歌進行陌生化處理，從而引起人們的注意和警醒。第一節中的「可是走吧，走吧，回到家／無數的路，卻沒有走一步」，便是最好的例證。這句詩運用視角轉換，突破了以人為主體的慣性思維，將路作為主體進行審視，反觀詩人無論走了多少路，路永遠以「冷眼旁觀」，不會因為誰的行走發生改變，用路的靜止和人的匆忙進行對比，進而流露出一種徒勞和消極的心境。朱英誕所處的時代正是西方現代主義特別是象徵主義詩潮在中國產生廣泛影響的時代，朱英誕在此潮流之中，在融合了古典詩歌特質的同時，在創作中加入了現代派的諸多技巧與方法，形成了與中西文化進行對話交流的多元的現代審美意識。

四、結語

朱英誕是孤獨的，與時代的不相容讓他只能將自己圈禁在自我的世界，

〔註 6〕郭紹虞，新詩的前途〔J〕，燕園集，1940 年。

但也正是因爲這一份孤獨，才導致了落雨的苦澀之味和樹木的掙扎之狀，才使得他在對話中尋求解脫和救贖，才成就了這一首極富張力的詩歌。

美國作家、批評家威爾遜認爲，「孤獨的掙扎，眞誠的內省，才是文學的力量之源」[註 7]。這首《苦雨》，正是詩人掙扎和內省的集中表現，他在與自我和時代的對話中完成了一種全新體式的創造，一方面用沉重的獨語展示出在特殊年代的迷惑與孤苦，另一方面將古典的意象與韻律和現代自由詩現代派的技法相融合，從而成就了詩歌的獨特品格。時代淹沒了朱英誕，卻也賦予他詩歌創作的靈感與情緒積澱，這位勤懇又極具才氣的詩人帶給我們太多的驚喜和感動。這樣一位在重重困境中執著於自己詩歌信念的詩人，相信會受到更多的重視，創造出越來越豐富的文學史價值。

——原載《周口師範學院學報》2013 年第 3 期

[註 7] 埃德蒙·威爾遜，阿克爾的城堡：1870 至 1930 的想像文學研究 [M]，黃念欣譯，南京：江蘇教育出版社，2006 年：68。

彷徨裏的堅守
——朱英誕詩歌《廢墟》賞析

歐陽文婧

　　人們往往喜歡把人生比作一場路途，從開始的地方出發，沿著未知的道路，尋找自己精神的家園。在行走的道路上，人們會看到各式各樣的風景，有純粹美好如世外桃源般的風景，也有荒涼破敗像斷壁殘垣似的風景。人們被景象所感染，歡喜、疑惑、痛苦、掙扎、希冀，然後執著的繼續尋找心中的期許。

　　《廢墟》這首小詩，描寫的正是一個知曉過美好，經歷著苦痛，卻依舊堅定的找尋美好的精神家園的複雜的「我」。在詩歌中，「我」的心理變化表現爲三個層次：

從詩歌開篇到「我經過了黑暗的芳香」→我不記得我走了多麼漫長的路，
　　　　　　　　　　　　　　　　　我不知道有多少我，正如
　　　　　　　　　　　　　　　　　那些散發的「瘋女」在火把下，
　　　　　　　　　　　　　　　　　我經過了黑暗的芳香。

a. 場面的廢墟：道路上是灰塵和死屍
　　——難以前行——路漫長
b. 心靈的廢墟：無數個「我」：震驚、憤怒
　　苦痛、無奈、癲狂——心靈載滿了負面情緒
心靈扭曲、負面情緒高漲

從詩歌開篇到「我經過了黑暗的芳香」這是第一個層次。詩人的鏡頭聚焦在
這樣一個畫面:「我」走在一片廢墟之中,到處黑煙繚繞,道路上遍佈著戰爭
遺留下來的灰塵和死屍。「我」艱難的前行著,看著這片廢墟的景象,「我」
的心理無比震驚,感覺寸步難行,以致於「我不記得我走了多麼漫長的路」。
此時的「我」受到強烈的心理刺激,漸漸的,精神也有些癲狂彌亂了,所以,
「我」不知道「我」是原來那個安寧淡然的「我」,還是現在已經是被廢墟之
景刺傷了神智,變成了一個精神失常的「我」。「我」幻生出了無數個癲狂的
「我」,就像「散發的『瘋女』」一樣。《瘋女》是畫家席里木可的一幅油畫,
它所要展現給觀眾的是一個失去理智的精神病患者,這個患者有著被扭曲了
的靈魂和失去控制的眼神。因此,此次的「瘋女」應該描繪的是一個精神錯
亂的「我」。「我」蹣跚的在黑煙中前行著,纏繞的煙霧慢慢的遺落在「我」
的身後。這裡,詩人用嗅覺代表了視覺,將黑煙的氣味描摹成一種「芳香」,
戰爭產生的黑煙原本是邪惡的,詩人卻用「芳香」來形容,這種對比,更加
突出了廢墟的恐怖之態。此時,在見證這片廢墟之景後,「我」的精神又受到
了強烈的刺激,充斥著震驚、憤怒、苦痛、無奈、癲狂……於是,「我」的心
靈載滿了負面情緒,成為一片廢墟。雖然詩人在詩中絲毫沒有提及廢墟二字,
可是,字裏行間,都給讀者展現了兩方面的廢墟:場面的廢墟;心靈的廢墟。

從「但花葉是在我的眼前的」到「彷彿一朵朵荷花浮在水面上」這是第
二個層次。這一小節,是詩人營造的一種虛美的詩意想像空間──夢境。在
不同的時期,詩人筆下的「夢」有不一樣的含義。30～40 年代,詩人筆下的
創作是在「關注現實人生」,但又「發現了現實的虛無」,這一時期的「夢」
是一種理想的存在。因此,詩中,儘管「我」還在一片「廢墟」中行走著,
但曾經存在過的、「我」相信以後也會遇見的「花葉」可以清晰的顯現在我的
腦海裏,「正如在白晝裏一樣」,它笑靨如花,那樣的高潔,像無數的荷花盛
開在水面上。這兒,詩人塑造出了一派與世無爭,祥和高潔的理想之地,這
便是「我」心中的美好的夢。「白晝」和第一小節的「黑暗」亦可以形成一種
對比,突出此時夢境的美好、積極。所以,在第二小節,雖然「我」有著「廢
墟」之心,但想著高潔的神往之地,「我」的心裏,又燃燒起了一份希冀,一
份對期許的憧憬和堅守。

從「一個世紀不知不覺的消磨」到詩歌結尾是第三個層次。「一個世紀」
表現出了時間的長,「不知不覺的消磨過去了」說明了一種稍縱即逝的速度。

詩人在後面用了一個句子來解釋世紀的消磨：「啊美麗的夜！」「夜」原本因為多夢而顯得漫長，這正好跟「一個世紀」相對應，而「夜」又因為第二小節的美妙的「夢」而變得愉快、短暫，所以，不知不覺中，它就「消磨」過去了。永恒的時間已經白駒過隙，可是，現實的「廢墟」卻仍然在繼續。在發現了夢境的虛無之後，詩人接著說：「月」「把這些完全割去」。在古代意象中，「月」可以蘊涵時空的永恒，時空不會因為現世的安寧或戰亂而停滯不前，它依舊會冷血的走下去，因此，「月」是冷峻無情的。於是詩人這樣來形容「月」：「金黃的鐮刀的月」，「金黃的」是暖色調，「鐮刀」是一種鋒利的形狀，給人冷酷感覺，「月」原本給人的印象就是淒清寒冷的，詩人把「暖」、「鋒利」和「淒冷」結合在一起，一個「暖」和兩個「冷」就更加鮮明的表現出「月」的冷酷淒峻。此情此景下，「我」不禁又感到了一種絕望：「要到什麼時候才再令春風相遇？」雖然有一種沮喪失落的感覺，但是，「我」心中的期冀還是不會磨滅，「我走著路，我找尋著，我駐守著」。詩人作這首詩的年代是在 20世紀的三四十年代，那時候正在進行抗日戰爭，詩人正在淪陷區的北大任教。而一首詩歌，往往是詩人自己情緒的朦朧寫照，所以，詩中的「我」要「找尋」的應該是戰後安寧的和平，「我駐守」的應該就是中國的領土，表現了詩人堅信，抗戰必勝的信念。這一小節，「我」的心理是悲涼的卻又堅定的。

讀完朱英誕的《廢墟》，給人帶來以下幾個詩歌印象：

首先，採取了「對中國古典詩歌意象的現代性化用」〔註1〕的手法，並塑造了「富有現代氣息的人文意象」〔註2〕。這首詩裏出現了「花葉」、「荷花」、「月」、「春風」這些意象，它們均來源於中國古典意象。例如，在《離騷》中有句：「芰荷以為衣兮，集芙蓉以為裳；不吾知其亦已兮，苟余情其信芳。」荷花成為屈原對理想的一種憧憬，成為對矛盾重壓的政治斡旋生活達成釋放和緩解的心靈雞湯。詩人在他的詩歌中借用這個意象，隱晦的表現出了對期望要堅守的情趣，使得傳統的「荷花」意象生成一種象徵性和朦朧性，讓詩歌呈現出了現代性的色彩。再如「月」在中國古典詩詞中有多種意象意思，其中一種便是以月來蘊涵時空的永恒，有詩為證：「江畔何人初見月？江月何

〔註1〕 王澤龍，《中國現代詩歌意象藝術的嬗變及其特徵》，《天津社會科學》2009
年第1期。

〔註2〕 錢韌韌，《「在尋覓真詩的路上」——朱英誕詩歌導讀》，《中國詩歌》2013年
第7期。

年初照人。」詩人在《廢墟》這首小詩裏化用了這個古典意象，用月來影射時空的宏大無情，表達出了渺小的人在時代背景下的無可奈何的情感，使得詩歌展現出一種體驗性的現代特徵。

同時，在《廢墟》這首小詩裏，詩人完整的給我們塑造了一個「行走在途中的人」。「我」一直「走著路」，在路上，「我」曾經淡薄，但在看到廢墟之後，「我」有震驚有憤怒有痛苦有無奈有癲狂，還有希冀，產生了無數個「我」，「我」否定了無數個「我」，最後肯定了一個「駐守」的「我」。詩人在詩歌中，通過解構現實，重組想像，再回歸實際，堅守自我的表現手法，使一個具有複雜的現代情感的「我」——「行人」立體起來，，讓「行人」成為一個富有現代氣息的人文意象。

其次，詩人通過鋪陳對比的意象群來表達完整的情趣。詩歌開篇，詩人描繪了一個行走在廢墟之中並且負面情緒高漲的人。在詩中，有：「漫長的路」、「散發的瘋女」、「火把」、「黑暗的芳香」等消極壓抑的意象組合，表達出了一種對現實的絕望感和掙扎態勢。接著，詩人筆鋒一轉，跳躍進入了「夢」的空間，營造了「花葉」、「白晝」、「荷花浮在水面上」等一系列意象群。這些清新安寧的意象傳達給讀者的是心態平和之感，讓人體會到一種對安靜美好環境的追求。和現實的「廢墟」形成強烈的對比。隨即，詩人又從精神世界裏醒過來，發現現實依舊，「夢」不過是「夢」，也許它曾經在以前的現實裏存在過，可是現在的時代裏它已然無影無蹤，儼然南柯一夢。於是詩人用「世紀的消磨」、「夜」、「月」、「無痕的陳跡」來表達一種落寞之情，但是，詩人也期盼，能夠再度遇到美好的環境，這是詩人的希望，也是詩人的精神嚮往。因此，詩人運用了「春風」、「找尋」、「駐守」等溫暖積極的意象集合來表達自己的希望。整首詩中，第一組意象群體是消極壓抑的，第二組意象群體是清新安寧的，第三組意象群體是清冷嚴酷意象和溫暖積極意象的結合。第一組和第二組意象群體的對比展現了情感的閃爍式跳躍，而第三組意象群體內部的感情色彩對比突出了對希望情感的堅定，詩人正是通過意象群體之間的對比嬗變傳達給讀者一種複雜的情趣：心態落寞感傷卻懷有希望，並能堅守心底裏的美好。

自由和諧的形式技巧

節奏：a、外在形式的長短相間

　　　b、內在形式的虛實相間和情感強弱變化

押韻：「路」——「如」

　　　　「下」——「香」

　　　　「樣」——「上」

　　　　「夜」——「卻」

語言：古典詞彙和現代詞彙交融

　　最後，《廢墟》展現了自由和諧的形式技巧。詩人巧妙的使用標點符號，使詩歌一行長，一行短，長短相間，形成一種美妙的外在節奏感。同時，詩歌也在內在的謀篇布局上與這種節奏相呼應，形成一種內在的節奏：詩歌先寫實景，描繪出一片廢墟之態，使得讀者感受到一種快要爆發的強烈情感。接著再寫「夢」的虛境，情感進入柔和的安靜狀態。最後再寫現實的感歎，表達詩人的堅守，讓人又體會到了一種堅強的，鏗鏘的情感力量。在實和虛相間行文的同時，攜帶出情感力量的強——弱——強的變化之態，這樣，詩歌的外在形式與內在情緒和諧一致，表現出了一種巧妙的節奏感。此外，詩歌中第一小節的每一行的最後一字都押韻，「路」和「如」壓韻母的韻；「下」和「香」壓聲母的韻。第二小節的「樣」和「上」押韻。第三小節的「夜」和「卻」押韻。詩歌只有三小節，每一小節都會有至少一次的押韻，體現出了一種和諧的音樂感。而且，詩歌的語言也將古典清新和晦澀哲思巧妙的結合在了一起。詩歌中，多採用了古代的自然意象的詞彙：「花葉」、「荷花」、「春風」等，這些詞彙是清淡古樸的，同時，詩歌中也運用了「瘋女」、「黑暗」、「白晝」、「找尋」、「駐守」等帶有哲理思辨意味的現代詞彙。將古典與現代交融在一起的語言，體現了詩人別具一格的創作風範。

　　這首小詩雖然不長，但卻在有限的描繪中給我們呈現了一幅宏大的虛實纏織的畫面，詩人往往將看似對立的矛盾巧妙結合起來，古典與現代結合，虛和實相間，使詩歌在輕巧自然的同時，又表現出一種朦朧晦澀的特點，表現出了詩人複雜的心靈歌曲。

——選自王澤龍的新浪博客

附錄：

廢　墟

我不記得我走了多麼漫長的路，
我不知道有多少我，正如
那些散發的「瘋女」在火把下，
我經過了黑暗的芳香。
但花葉是在我的眼前的，
正如在白晝裏一樣：
於是你笑一笑，在夢裏，
彷彿一朵朵荷花浮在水面上。
一個世紀不知不覺的消磨
過去了：啊美麗的夜！
你金黃的鐮刀的月，你卻
把這些完全割去，啊無痕的陳迹
要到什麼時候才再令春風相遇？
我走著路，我找尋著，我駐守著。

——選自《鹿遇》（1948）

朱英誕詩《試茶》讀解

黃　晶

　　蔡慶生先生說：「讀朱英誕的詩，常常在一知半解中滑行」〔註 1〕，我與他有相同的感覺。初讀《試茶》這首詩，我覺得十分疑惑，因爲詩題目叫做《試茶》，可是全詩卻無一「茶」字，乍看之下也摸不清詩的內容與「茶」有什麼聯繫，這就引起了我對這首詩的興趣。於是我對這首詩進行了反覆品味，感覺自己似乎看出了一點門道，以下是我對《試茶》一詩的一些粗淺的理解，與大家分享。

第一節	行走途中	實
第二節		
第三節	內心剖白	虛
第四節		
第五節	圍爐試茶	實

　　我以爲，從內容而言，可以對這首詩做這樣的理解，詩篇描寫的是詩人在一個寒冷冬夜出門，去往同樣羈旅在外的同鄉友人處相聚試茶的一段經歷。全詩的第一節描寫詩人行走途中的情境；二、三、四節則是詩人在途中的所思所想，或者說內心剖白；最後一節則是描寫詩人終於到達目的地，與友人圍爐試茶、把盞談天的景象。詩歌內容經歷了由實入虛，再由虛入實的兩次轉折，以時空轉換和詩人的意識流動爲順序，自然流動。從情緒而言，詩人的情緒也經歷了孤寂——失落——欣慰——惆悵——快慰的幾番起落，而不管情緒如何變化，詩人羈旅異鄉、久不得歸的愁緒一直貫穿在全詩始終，

〔註 1〕蔡慶生，妙在不明言——朱英誕詩歌欣賞〔J〕，詩評人，2008 年，9。

時隱時現。而這些情緒又通過相應詩節含蓄而自然地表達出來，達到了詩思與詩情的圓融貫通、合而為一，是一首難得的佳作。接下來我將分節對朱英誕的《試茶》一詩進行解讀。

第一節，實寫詩人在淒寒的冬夜在外獨自行走的場景。首句介紹環境，提起懸念。照理來說，在這樣一個寒風刺骨的冬日，詩人應該待在家裏悠閒度日才對，有什麼事情如此重要，使得詩人要忍受著徹骨的寒冷到室外來呢？這「砭人肌骨的寒冷」只是單純指的天氣嗎，是否也暗指詩人的心情呢？二、三句表明詩人對環境非常熟悉，惡劣的天氣並不足以對他的出行造成阻礙。然而第四句以「雖然」這個關聯詞起筆，語氣陡然一轉，把暮色比作「魑魅」，「魑魅」即是鬼怪，在寒冷冬夜的街頭獨自行走，確實容易讓人聯想到妖魔鬼怪，從這一句，我們可以感受到，詩人情緒並不高昂，反而心中充滿了孤寂與不安。雖然天寒地冷，然而外出訪友終該是令人愉快的事情，何以詩人如此愁苦呢？讓我們接著往下讀。

第二節開始，轉入詩人的內心剖白，由實轉虛。原來詩人所處的地方是荒涼的邊城，城中的一切都充滿著寒冷的氣息，只有悠遠的號角聲像春風一般吹動著楊柳。讀此一句，不禁讓人想起古人們所寫的那些邊塞詩句：「羌笛何須怨楊柳，春風不度玉門關。」（《出塞》）還有「誰家玉笛暗飛聲，散入春風滿洛城。此夜曲中聞折柳，何人不起故園情。」（《春夜洛城聞笛》）在他們的詩中，總有楊柳、春風這些意象的出現，大概從古到今，羈旅邊城的人，他們的思緒總是相似的，都傾向於用柳樹表達別緒，用春風寄託鄉愁。三、四句進一步寫明離鄉的時間，雖然不知道「三十年」是虛指還是實指，但時間肯定是極長的，以至於詩人的口音都全變了。我們知道，語言是人最重要也最常用的交際工具，相似的語言能夠幫助人們更好地建立情感的聯繫，尤其中國是一個多方言的國家，有「十里不同音」之說，鄉音更是人們與家鄉感情的重要維繫。《回鄉偶書》中有一句「少小離家老大回，鄉音無改鬢毛衰」，作者賀知章雖然也是久客他鄉，但到底「鄉音無改」，我們的詩人卻連家鄉的語音都已失去了，由此生發出一種強烈的無依感與失落感。作者並不直接抒發自己的失落之情，而是借語音的改變從側面進行暗示，使得這種情感顯得更加含蓄而又深沉。

第三節，繼續內心獨白，由前詩中提道的語音聯想到作詩。邊境苦寒，思鄉心切，詩人只得把一腔熱情與心事寄託在作詩上面，唯有作詩能給詩人

帶來溫暖。這溫暖雖然很少，如同「孩子的哭裏的一絲笑意」，也很短暫，只如曇花一現，卻能使他寂寞與失落的內心稍感欣慰。然而可惜的是，詩思（或者說靈感）是那樣捉摸不定、時隱時現，像是上帝賜予的那般，充滿了虛幻感，因此，詩人心中的愁緒依然無法排遣。

第四節，又回到關於語言的思考。前三句詩人推己及物，把關注的眼光轉移到了動物身上，發現不管相隔多遠，雞、犬、貓這些動物各自的語言都是一樣的，並無地域的差別，因而不會因語音的改變而產生遠離家鄉的失落，詩人不由對人有語言差異這一事實感到惆悵與不公。其實，就算動物界真有方言，它們又哪裏能感受到鄉愁呢，詩人不過是故作荒誕之語，以此沖淡自己心中濃鬱的鄉愁罷了。末句用自然天氣喻指人際交往，並引申到人與故鄉的關係。語言的差異造成人與人之間的隔膜，人們就像籠罩在霧中，只能看到彼此模糊的影子，卻不能真正看清對方，久而久之，朦朧的霧變為了能夠遮蓋一切的雪，暗指人與人之間的感情越來越淡漠，人與故鄉之間的牽絆也越來越單薄，甚至故鄉的影像也逐漸從朦朧的影子變為了一片空茫。

最後一節寫詩人與同鄉的友人試茶、談天的情景，由虛轉實。第一、二句寫詩人聽到熟悉的鄉音，彼此的距離瞬間就拉近了，就像輕薄的笛膜，幾乎可以忽略不計，故鄉的語言是如此動聽、令人喜愛，為了聽到這熟悉的語音語調，為了與人分享同樣的思鄉之情，詩人等了太久太久，他不由地催促著，說吧，說吧，多說一些，與我分享關於故鄉的一切，我喜歡聽著……第三句「讓我們生著紅泥的小火爐」，讓我不由想起唐代詩人白居易的《問劉十九》：「綠蟻新醅酒，紅泥小火爐。晚來天欲雪，能飲一杯無？」寥寥二十個字，生動地描寫出詩人在一個風雪飄飛的冬日傍晚邀請友人前來把盞暢飲的場景，這場景，與本詩何其相似，雖然白詩中的「新酒」換成了「新茶」，但那種溫馨明快的氣氛卻是相同的。窗外寒風蕭瑟，大雪紛飛，詩人卻捧著嫋嫋冒著熱氣的茶水，圍坐在燒得通紅的爐火旁，與同鄉的友人暢談，連心中的寒冷也被驅散了。給詩人帶來溫暖的，不僅僅是芬芳的熱茶，也不僅僅是跳動的爐火，更是他鄉遇故知的快慰。末句「勿告我以暮春三月和你的鄉愁」，暮春三月，正是春風駘蕩、春花綻放的時節，見此美景，不免讓人想起故鄉江南的一草一木，勾起人對家鄉的思念。唐有李白名句「一叫一會腸一斷，三春三月憶三巴」（《宣城見杜鵑花》）。南朝有丘遲作「暮春三月，江南草長，雜花生樹，群鶯亂飛。見故國之旗鼓，感平生於疇日，撫弦登陴，豈不愴恨！」

（《與陳伯之書》）勸降陳伯之。詩人十分享受與同鄉人相聚的愉快氣氛，然而畢竟未能親自還鄉，不願互訴鄉愁，再度勾起彼此的愁緒，因而有此一勸。而這一句無奈的勸慰，也使我們再度清楚地感受到在詩人快慰情緒的背後隱現的愁緒。

最後，通過以上的解讀，我也總結出了《試茶》一詩在寫作上的兩個特點。

其一，對傳統詩詞意象和詩句的靈活化用。讀《試茶》一詩，我們能夠輕易發現，其中有許多傳統詩詞詩句的影子和常見的意象，如楊柳、春風、暮春三月、紅泥小火爐等等，使得詩句古意盎然，頗有韻味。但是，我們也應注意到，詩人並不是對這些意象和詩句進行簡單地套用，而多進行反用與化用，靈活變化，使它們與自己此身此時富有現代性的情感體驗完美貼合。比如第二節的最後兩句就是對賀知章《回鄉偶書》「鄉音無改鬢毛衰」的反用，我們不妨設想一下，如果詩人直接套用這一詩句，把這一句寫成「和冰與雪周旋了三十年／我的語音依然沒有改變」。固然也能表現詩人對家鄉的深厚情感，卻不免落入俗套，也無法表現出那份因鄉音喪失而產生的失落與傷感。並且，他也沒有僅僅停留在自身，而是在此之上更進一步地對語言與人的關係進行了形而上的思考，將個人的情感昇華爲一種具有普遍意義的社會問題。其實，對傳統詩詞因素的吸納，是朱英誕詩的共同特點，許多學者對此都有所注意。與詩人交往密切的廢名在《林庚同朱英誕的詩》中就盛讚說「在新詩當中他等於南宋的詞」〔註2〕。

其二，情感表達的含蓄與曲折。這一特點在詩作多個方面都有所體現。首先就是我在文章開頭就提道的，詩題「試茶」與詩歌內容之間關係的隱蔽性，在此不再多敘。其次，我們仔細觀察，可以發現，除第二節外，詩作的每一節的最後一句都由一個表示轉折的關聯詞語引起，這就避免了詩歌的平鋪直敘、單調呆板，而顯得曲折多變、起伏有致，從而形成一種內在的韻律與美感。另外，通過我上面對詩歌的詳細讀解，我們可以感受到，詩人的情緒是非常豐富多變的，而全詩幾無一句直抒胸臆的句子。全詩只有最後一句出現了一個「愁」字，而彌漫全篇的愁緒卻通過聯想、暗示、反襯等手法曲折地傳達出來，情緒的流露顯得克制而含蓄。這個特點，與詩人對詩歌風格

〔註2〕廢名，林庚同朱英誕的詩〔A〕；陳建軍、馮思純，廢名講詩〔M〕，武漢：華中師範大學出版社，2007年，128。

的理解是有關的，他自己曾在一篇文章中寫道：「晦澀與樸素，難與易，本來是兩種並行不悖的風格，卻非涇渭之分。當然，詩寫得晦澀，往往是由於在『大膽、熱情、省力』這些原則上多所缺陷所致，而明白的詩比較起來倒是難寫的。」〔註3〕而「在晦澀與明白之間，他『不甚責難趨易避難』，更傾向於寫晦澀風格的詩」〔註4〕。因此，林庚在讀了他的詩後才會評價他的詩：「聯想往往也很曲折，因此有時不易為人所理解」〔註5〕，並稱他為「沉默的冥想者」。

——選自王澤龍的新浪博客

附錄：

試　茶

砭人肌骨的寒冷我忍受了，
這裡每一塊石頭我是熟悉的，
而且我可以摸索著歸宿，
雖然走在暮色裏如穿過魑魅。

淪落絕塞的邊城，
（吹著楊柳，這裡只有號角像春風。）
和冰與雪周旋了三十年，
我的語音也早已經完全改變了。

像是孩子的哭裏的一絲笑意，
唯有詩是曇花，
它還諸一點溫暖給我；
但那是上帝所賜與的。

〔註3〕朱英誕，略記幾項微末的事——答友好十問〔J〕，新詩批評.2007年，2。
〔註4〕陳芝國，抗戰時期北京詩人研究〔D〕，北京：首都師範大學博士學位論文，2008年。
〔註5〕林庚，朱英誕詩選書後〔A〕，朱英誕冬葉冬花集〔M〕，北京：文津出版社，1994年，323。

雖然很暫短，我到過更遠的地方，
它們是沒有方言的呢，
我奇異雞、犬和我的精靈的貓兒；
但江南永遠隔在霧裏以致霧會變成了雪。

一點鄉音如一片笛膜的距離，
說吧，說吧，我喜歡聽著；
讓我們生著紅泥的小火爐，而
勿告我以暮春三月和你的鄉愁。

　　　　　　　　　　——選自《西沽》（1947）

寂寞飄零人的夜歌
──朱英誕的《簫》賞析

苑　蕾

簫是中國古典詩詞中具有豐富文化內涵的意象，文人墨客常借助簫聲營造情景交融的意境，寄託情思，抒發感想。如晏殊的「咽雲簫鼓傳聲沸，臨水樓臺倒影多」、吳文英的「河橋徑遠，玉簫吹斷，霜絲舞影」、蘇軾的「和風春弄袖，明月夜聞簫」，這些使用簫意象來表達離別或相思之哀傷的作品不勝枚舉。詩人朱英誕選擇古詩詞中這一常見意象「簫」作爲心靈情感的宣泄口，將古典與現代交織在一起，營造出一種空靈、寂寥的意境，在這感傷美的背後傳達出幽微、渺遠的現代人的思鄉意緒，抒發了抗戰時期淪陷區遠離故土的「小人物」的普遍心聲。

詩作起筆用「最動人的」、「魔術的」來形容這支神奇的簫，設下疑問，讓讀者思索這簫到底有何神奇之處？「拿在那花一般的人的手裏」，中國自古多美人吹簫圖，文人的審美體驗並不純粹來自於樂器的外形，更多時候是簫與演奏者共同表現出的美感，也許只有美的人才能吹出最動人的樂章吧。「它是一切有生物和無生物，／它是你的故鄉」，這一句點出全詩的主旨，「簫」可以包羅萬象，可以抒發各種情緒，更是遊子心靈的寄託。

詩歌第二小節，「那是一面最精密的蛛網，／它完美得正如那紡織出十二角平形線的／蜘蛛的經緯的組織／完美得一粒微塵也不能脫身。」林庚曾指出：「他（朱英誕）似乎是一個沉默的冥想者，詩中的聯想往往也很曲折，因此有時不易爲人所理解」。朱英誕詩歌的這種晦澀朦朧的特點與他自覺地吸收現代象徵主義技巧是分不開的。這一小節，詩人使用的通感手法，以蛛網來

寫簫聲，將聽覺效果轉換爲視覺感受，把感官難以把握的簫聲化爲有形的、可視的波形，寫出了聲音以波的形式向四周傳播的動態，令人聞其聲，如見其形，給人以新鮮而強烈的感受。不由讓人想起北島的《古寺》：「消失的鐘聲／結成蛛網，在裂縫的柱子裏，／擴散成一圈圈年輪。」（從圖中可以看出）蛛網的十二角都是完美的、精密的，簫聲每一個音符也是那麼的和諧、完美。如絲般的簫聲，編織成思念之網籠罩萬物，網羅的是一個個孤寂渺小的異地流浪的心。

詩歌第三小節引入了「采薇」和「烏江」的典故。「采薇」出自《詩經‧小雅》，開頭四句是「采薇采薇，薇亦作止。曰歸曰歸，歲亦莫止」，詩中「昔我往矣，楊柳依依。今我來思，雨雪霏霏」四句是名句，詩中既有士兵歸家的心切，又有對故園物是人非的感慨，後人多用「采薇」來表達對故鄉的思念之情。「烏江之夜」則化用了「四面楚歌」、「烏江自刎」的典故，一夕楚歌不知承載了多少人世悲哀。詩人借用這兩個典故，將兩個歷史時序緩緩展開，用心歌唱的簫聲穿越時空，無論何時何地，總能引起共鳴。而「風林明月」則營造了一種寧靜的氛圍，靜的烘託下，簫聲才顯得更加空靈、哀怨。這與王維的《竹里館》：「獨坐幽篁裏，彈琴復長嘯。深林人不知，明月來相照。」有異曲同工之妙。簫之空遠與月之清冷、林之蕭瑟頗爲相合，對於詩人而言既可以在行爲上完成對月、林與簫的審美體驗，亦可在創作中完成虛構情境的架構。若隱若現的簫聲穿越沉靜的夜，擦破了自然景物的靜寂安逸，勾畫出：迷離月光下，颯颯風聲裏，哀傷簫樂中，一幅撩人腸斷、扣人心弦的孤魂哭泣圖！

第四小節，「而使得那聽到它的每一個懷疑著／這是神仙的智慧；嗚咽著，／於是那幽微的但是浩蕩的風／使得三千人不約而同的一齊動容」。用「嗚咽」寫簫聲，將其擬人化，似乎簫可以發出人的聲音，蘇軾在《前赤壁賦》中有寫簫聲的名句：「其聲嗚嗚然，如怨如慕，如泣如訴，餘音嫋嫋，不絕如縷。」簫的發聲與人的心境緊密聯繫，是抒發情懷的媒介，正如詩人心靈的歎息，是幽怨、辛酸、愁苦、迷惘等複雜情緒的獨特音樂表白；是他內心隱藏愁緒的最真實的流露；是他哀歎生命苦旅的困頓訴說；也是他漂泊失落的靈魂尋求心靈歸宿的祈盼。簫聲可以說是詩人內心波瀾的最好代言！「於是那幽微的但是浩蕩的風／使得三千人不約而同的一齊動容」，「幽微」和「浩蕩」是兩個反義詞，「幽微」含有隱微、細微、若隱若現之意，「浩蕩」則表示洶湧壯闊、廣大曠

遠，用這兩個詞來寫風，實則也寫簫聲，清代《日下舊聞考》中有提道吹簫時「每發聲清韻徹室，飄飄然若有淩風之意」。又如李白的《春夜洛陽城聞笛》：「誰家玉笛暗飛聲，散入春風滿洛城。此夜曲中聞折柳，何人不起故園情。」都寫出了簫聲的空靈飄渺似駕風而行。在一個風林月明的夜晚，白日的喧囂早已平靜下來，忽然傳來玉簫之聲，淒清婉轉的曲調隨著風兒傳遠，聲音時高時低，斷斷續續、若隱若現，扣人心弦，使得聽到的人為之動容。

第五小節「而被吹散如一張薄紙和纖細的草啊／那些背井離鄉的幽靈們」，將「草」和「幽靈」並置，古典詩詞中「草」多是作為寄託離別情懷、懷人相思的物象，朱英誕化用「草」的意象，將其演變為具有鮮明時代性、表現新的生命感受的現代意象。被風吹散的草，如同離開故土、無根飄零的遊子，暗喻遊子的生存現狀，在動蕩不安的時代背景下，小人物的生命是如此脆弱。同時也寫出了身處這個「大時代」中所有「小人物」的普遍心境：他們內心是沒有歸屬感的，甚至是異常的迷惘、失落和惆悵。由此將中國傳統的鄉愁母題上昇為對現代人精神無所歸依，生命漂泊無向的感慨。「唯我們是兩點之間的一條最短的直線／距離不長，可是很遠」。「我們」既包含詩人自己也包含背井離鄉的千千萬萬無家可歸的人們，遊子與故鄉的距離雖然不長，一匹最嬌貴的小馬不費氣力足已到達，但是現實的重重阻隔卻讓「我們」無法回到家鄉，好像遠在天邊，體現出抗戰時期現代旅居人的特有情感心理，與采薇之人、烏江一夜相呼應，歷史情緒與現在鄉愁找到契合之處，在抒情氛圍中融入的是詩人對歷史、現實、人生的知性體驗。

詩歌到此，全詩沉浸於傷感、悲惋的氛圍中，詩人似乎並不滿於此，緊接著又寫道對「求生的小姑娘」的勸告，現實的困頓無法改變，那麼就在這魔術之歌中尋找希望吧。詩歌至此，既與開頭相呼應，又完成了詩人情緒由平和溫婉轉向哀婉低沉，再由寂寞孤獨回歸平靜的迴旋，譜寫了一曲寂寞飄零人的夜歌。

詩人情緒流轉：平和溫婉——哀婉低沉——寂寞孤獨——回歸平靜

整首詩歌多使用幻象型意象，如同是詩人的意識流動，詩人在寂寥的深夜無意間聽到簫聲傳來，遂展開一系列聯想，將幾個「蒙太奇」式的畫面拼接，給人一種飄忽朦朧的整體感受。全詩第一小節，這一幅唯美的畫面十分純淨、安詳，一位如花一般的人兒手持一支玉簫，在明月松林之下，吹奏起

動人的鄉音；緊接著將讀者的目光聚焦於一面精密的蛛網，這簫聲向四面八方傳播，溫婉輕柔，網羅下每一個聽眾的心；之後詩人的意識隨著簫聲流向歷史遠古，宜人的風林月明下，戍邊的戰士吟唱著采薇之歌，烏江彼岸又傳來低沉哀婉的楚地民聲；這悠悠簫聲，如同仙人之樂，隨著浩蕩的風陣陣傳來，彷彿穿越千年至今猶在耳畔隱隱回響，使得三千人為之動容；畫面陡轉，從遠古回到當下，一群孤獨飄零的遊子們，望著被風吹散的草，感歎自己的身世，故鄉雖近，騎上一匹嬌貴的小馬便可以回到夢中的故土，卻似遠在天涯，孤獨、無奈、倦怠、落寞之感溢於言表；既然現實無法改變，求生的小姑娘們，不如在簫聲（故鄉之音）中去尋找慰藉吧！幾個片段按照簫與演奏者、簫聲的完美、音樂的感染力、聽樂者心靈的淨化、現代旅居人的心聲的順序依次展開，從空間上、時間上是意象的並置組合，從情感的縱向流動中則採用了意象的幻化和虛寫，打破了傳統的空間邏輯，給人一種飄忽朦朧的整體感受，呈現出一種陌生化的審美特徵。而這一系列意象又都圍繞核心意象「最動人的、魔術的簫」展開，體現出內涵的整體性，傳達出詩人對抗戰時期現代人生存狀態的哲理思考。漂泊無依的現代人，在都市生活中迷茫、孤苦，找不到生命的歸宿，只有故鄉之音才能使「我們」找到生命的慰藉，這既是詩人對遊子的希冀，也是詩人自我的安慰。悠久的時間與廣闊的空間相互交織，歷史追憶與現代體驗共生共存，營造出一種空靈寂寥、渾圓清淺的象徵化的意境，讀者可以展開想像的翅膀，隨著悠悠的簫聲，徜徉於古今長河之中，聆聽遊子的心聲，感悟生命的體驗。

短短的一首《簫》，朦朧靜謐的意象，消漲起伏的節奏，宛如短短的一曲夜歌，吟詠斷腸人的追尋與喟歎。這首詩既有象徵主義詩歌虛幻不可捉摸的迷離感，又吸收了中國傳統詩歌意境營造上的營養，將古典「簫」意象賦予現代色彩，以「溫柔敦厚」的情感方式隱約表露出關於時代的個體感悟的「薄命之感」，巧妙地契合了淪陷區詩人的心境，透過它我們能夠體會到作者內心深處的那份孤獨和對親人、家鄉的思念，寂寞惆悵之中又不失對人生理想的寄寓。

──選自王澤龍的新浪博客

附錄：

簫

一枝最動人的，魔術的簫，
拿在那花一般的人的手裏；
它是一切有生物和無生物，
它是你的故鄉

那是一面最精密的蛛網，
它完美得正如那紡織出十二角平行線的
蜘蛛的經綸的組織
完美得一粒微塵也不能脫身

當采薇的人已經長眠之後
古代的烏江彼岸曾經有一夜
它用心的歌哭著
在宜人的風林明月之下

而使得那聽到它的每一個懷疑著
這是神仙的智慧；嗚咽著，
於是那幽微的但是浩蕩的風
使得三千人不約而同的一齊動容

而被吹散如一張薄紙和纖細的草啊
那些背井離鄉的幽靈們
惟我們是兩點之間的一條最短的直線
距離不長，可是很遠：

使得一匹最嬌貴的小馬不致於
流下一滴血汗
但為了那遲緩的春雨來得慢
你們感到疲倦

求生的小姑娘，我的
如果你們的流水活活
開始你們的廣長舌
你們也唱唱那魔術的歌

——選自《逆水船》（卷三）

黑夜中的徘徊
——淺析朱英誕的詩歌《探險家》

裘　甜

　　上世紀 30 年代中國現代主義詩歌的發展進入到了一個黃金時期，呈現了紛繁多向的探索局面。相比初期象徵派詩歌，現代派詩潮有了極大的超越，更表現了詩歌現代意識和情緒的自覺，對詩歌的現代性思考和審美方式的探尋標誌著中國現代主義詩歌進入了一個新的時期。

　　詩人朱英誕的創作始於 20 年代末，受到其老師林庚、廢名的影響，其詩歌自然有著新的美學追求，在融古化今中探索著現代新詩的新方向。他創作出近 3000 首詩歌，留下了 25 個詩集。在這些作品中不僅蘊含著古典和現代的多重元素，同時也包含了詩人在時代風雲中的情愫和思考。

一、孤獨落寞的身影

　　朱英誕與恩師們的詩歌風格不盡相同，但都表現出一種京派作家的特質，即「遠避於時代政治鬥爭以外，高蹈於現實功利之上；不趨新求奇，不迎俗媚時，在時代變革中，始終持從容矜持的學人風範和藝術虔誠的文人風度」〔註1〕。這種超然於政治之上的文學觀念，使詩人傾聽內心世界的聲音，更多地關注個體生命的生存方式，表現創作中的詩意與詩心。

　　《探險家》是朱英誕的一首代表作，探險家是詩歌的中心人物，至於是何人、去何地、爲何探險我們不得而知。「聽取海天私語，陽光爲你再滿斟一

〔註1〕 李俊國，《三十年代「京派」文學思想辨析》，《中國社會科學》1988 年第 1 期。

杯」。讀罷詩歌的開頭，清新明亮又溫暖柔美之情洋溢在讀者心頭。一望無際的海邊，洶湧澎湃的海浪不斷沖刷著沙灘，噴濺著雪白的泡沫。遙遠的海平線似乎與天際融為一體，蒼茫朦朧中海與天悄悄地咬著耳朵，彷彿在討論遠方神秘之地，那充滿生命力的土地上有著不同尋常的力量。而燦爛明媚的陽光也為了此次征程而斟酌，為一顆勇敢之心喝彩鼓舞，等待凱旋的喜訊。在這裡，一切場景似乎都是那麼和諧安謐，藍天、海洋、陽光這三個充滿能量、象徵光明的自然之境營造了一份溫暖的基調。

「天秤顛簸像小船／小，但安放著死亡／在一端而另一端是／把死亡擲到夜空的手指。」詩的第二節基調一轉，由溫暖明媚驟變為陰冷、蕭瑟伴隨著令人悚然的陣陣寒意。探險的過程並不會一帆風順，歷經艱險與動蕩，在風暴中顛簸的小船似乎顯得那麼小，那麼輕。小舟在狂風惡浪中飄搖，在波谷浪尖上時隱時現的場面讓我們對探險的路途懷揣著一份不安與畏懼。這一切似乎是冥冥之中的宿命。若有不測，小船雖小卻能容納下死亡這麼神聖的事，它與理想一起並在。在浩瀚無垠的夜空中看到了命運的終點，演繹著悲劇的結束。死亡在一邊，另一邊便是自己製造的死亡。為了心中的聖土，甘願把死亡置之度外，可以忍受死亡，但不能褻瀆崇高的理想。讀到這裡，我們被探險者那執著倔強的精神深深地打動了，明知道路途遙遠，明知道未知路上將會充滿艱辛與動蕩，生命將面臨著巨大挑戰，但是心中之夢仍引領著自己前行。這麼堅定而決絕的態度讓人聯想起屈原「路漫漫其修遠兮，吾將上下而求索」的尋求精神，那種「雖九死其猶未悔」的堅韌品格。通向死亡之門的道路並非常人所能想像和忍受，但一旦選擇帶著信念出門，就注定是崇高的付出和永恆的輪迴。死亡讓人敬畏，而把死亡投擲到夜空中的「手指」讓未來的路途更有意義。

「無限大的歡樂傳遞著／從心到眼，從眼到心／這裡沒有航道／碼頭嗎？座落在海岸線的任何一點？」如果說第二節是在敘述探險者身體上所遭受的痛苦和坎坷，那麼這一節則是從心靈方面著手展示探險者內心的滿足與喜悅之情。雖然面臨難以想像的艱險，雖然很有可能走向生命的盡頭，但是經歷的痛苦也即擁有的歡樂，肉體在遭受著折磨，但是靈魂卻在夜空放歌。發自內心的欣喜溢於言表，離目標越來越近，內心深處湧現的歡樂彷彿也要伴隨著旅途而散落在各個角落。即使沒有讓探險者前行的路，那又何妨？漫長無盡的海岸線，海天交匯的一片，任何一點便是自己建造的碼頭，任何地

方都是他的停泊處，心中的信念能點亮前行之路，讓征途人充滿力量。堅韌和執著讓一切不可能都變成了可能，飽受摧殘的身軀卻在心靈的洗滌中熠熠生輝，倔強的身影消失在海平線。無所歸的人啊，腳下的土地便是你的家！

「無數人踐踏過的／路並不一定是最壞的一條／但，這新發現的一條呢／彷彿曇花一現／走來的人啊，多多益善。」詩歌第四節在號召更多勇於冒險、甘於犧牲的勇者加入到探險的隊伍中來。這與魯迅先生的「世上本沒有路，走的人多了也便成了路」有異曲同工之妙。同樣是懷揣理想的有志之士，只有勇往直前，不畏艱險才能實現心中的夢想，到達花開滿地的彼岸世界。新開拓的路途似乎飽受爭議與質疑，面對人們的嗤之以鼻，「我」熟視無睹，仍堅守著自己心中的淨土。備受冷落卻不輕言放棄，充滿期待卻自甘落寞，這就是探險家，一個艱難跋涉的勇士，一個蘊藏美麗夢的理想家。另闢蹊徑的人必然會受到非議和否定，人們習慣了在已有的道路上前行，日復一日地墨守成規。如此一來探險便也失去了意義，就如曇花一般，雖絢麗奪目卻轉瞬即逝。

「高大起來／從患難者之群裏／那比孤獨更大的安靜／將永遠回聲吹奏法螺？」在備受探險者的艱辛、品嘗尋求者的寂寞之後，堅強的面對世俗的眼光，堅定地傾聽內心的寂寞，堅毅地在內心進行著悲劇性的反抗。在逆境中變得高大，心中的藍圖在此刻更加清晰。只是自己失歡於群體裏，感受到的是一股不可名狀的痛苦和寂寞，看到的是寂寞的靈魂在空中漂泊。難道這種孤獨將一直存在於心頭嗎，永遠在心房迴蕩著悵惘的沉寂。內心的寂寥充斥著身體中的每一處細胞，安靜到幾乎只能聽見心碎的聲音，壓抑之情無以言表。空曠無垠的大地上，靜默無語的山谷中，陰鬱遼闊的天空下，悠長的法螺響徹了整個宇宙，回聲也如同石子般敲擊著內心。那回音讓人愈發寒冷，耳邊的回響、心中的絕唱讓寂寞更緊地包裹住了自己。

而詩歌的最後一節與開頭遙相呼應，形成迴環往復的整體美。面對旅途中的種種困難，遭受世俗的萬般譏誚，自己是否仍應堅持下去，該不該勇往直前？而「陽光為何再滿斟一杯」，這是對上述疑惑的肯定回答。即使前方再坎坷，也要收集勇氣上路。前後出現兩次「聽取海天私語，陽光再滿斟一杯」，情感上卻有著潛在的變化起伏，顯露出清冷心靈在自我的鞭策下雖孤獨更加堅強，邁向遠方的步伐也愈發堅定。

從這首詩歌中不難看出詩人所寫的主人公實際上正是朱英誕自己，用詩

情緒展現靈性的眞實與自由。詩人在探尋著內心眞實的世界，卻在當時環境中受到屢屢挫折，在通往夢想的路上踽踽獨行，漂泊乃至死亡是注定的宿命。當身心疲憊的自己終於快要接近理想之巔時，又遭受現實無情的嘲諷與質疑。現實的寂寞感來自人對於自身精神危機的自我平衡。這種寂寞不是詩人自己的，而是一種精神上的落寞。朱先生在這裡講這種情緒上昇爲一種普遍的生命體驗，賦予了它們一種形而上的深層意蘊。正如廢名所強調的詩歌要有詩人自己的人性和眞誠，同時也應注意詩的普遍性。「普遍與個性二事俱全，才是白話新詩的成功。普遍與個性二事俱全，本來是一切文學的條件，白話新詩又何能獨有優待條件。」〔註2〕個人性和普遍性的統一是新詩的內在品格，展現了那個時代的知識分子對於理想的堅守，不屈從於世俗的大流，而是勇敢保衛心中的聖土。遭受冷眼卻不失信念，滿懷憧憬而品味孤獨，這就是朱英誕，一個偉大而堅定的戰士，尋夢的艱難也蘊藏著收穫的喜悅，孤單的心靈愈發明亮透徹。

二、古典與現代的交融

30 年代現代詩歌借鑒了西方現代詩歌觀念，又對中國古典詩歌中溫庭筠、李商隱一派有所繼承和發展。像大多數新詩人一樣，默默耕耘的朱英誕也受到了英美浪漫派和現代派的影響。在 1944 年前後，他在一篇詩序中對自己 10 餘年的寫詩經歷，有如下的交待：「十年間我對於詩的風趣四變，本來我確甚喜晚唐詩，六朝便有些不敢高攀，及至由現代的語文作基調而轉入歐風美雨裏去，於是方向乃大限定。最初我欣賞濟慈（J. Keats），其次是狄更蓀（E. Dickinson），此女即卡爾浮登所說的「溫柔得像貓叫」者是。最後是 T. S. Eliot，此位詩人看似神通，卻極其有正味，給我的影響最大，也最深。」〔註3〕可以說，朱英誕既接受了西方詩歌的影響，也繼承了中國古典詩歌的精髓，將二者完美結合，在藝術上達到了一個新的高度。

1、意象的豐富性

意象是中國傳統詩歌中的重要組成部分，包含著豐富的審美形態，詩人

〔註2〕 馮文炳，《談新詩》，人民文學出版社 1984 年版，第 136 頁。
〔註3〕 白藥（朱英誕），《〈逆水船〉序》，北京：《文學集刊》第 2 輯，1944 年 4 月 7 日。轉引自陳芝國，《朱英誕詩歌：古典與現代互涉的美學》，《江漢大學學報》（人文科學版），2010 年第 1 期。

們將內在的情趣、心緒、體驗凝聚在意象之中。而象徵主義最早出現於 19 世紀中後期的法國，在藝術表現上，重視通體的象徵和暗喻，重視「通感」；在詩的境界上，而主張含混合朦朧。30 年代的詩人們汲取中外詩歌雙重營養，「注重象徵意象的暗示性與意象的呈現的深遠性的結合」〔註4〕，追求一種以意象象徵情緒的主觀與客觀完全契合的境界。

朱英誕的這首《探險家》便是在意象的組合中創造一種象徵的意境。詩人用小船這個象徵漂泊的事物，暗示自己在追尋理想的道路上注定孤獨無助。由此我們想到孟浩然《宿桐廬江寄廣陵舊遊》中的「風鳴兩岸葉，月照一孤舟」，劉睿虛《暮秋揚子江寄孟浩然》中的「孤舟兼微月，獨夜仍越鄉」，都將旅途中的漂泊無所依表現得淋漓盡致，渲染了一種孤寂的氛圍。而用「顛簸」來形容風浪之大、環境之苦，更加暗示詩人信念的堅定，執著的精神。隨後死亡的出現又給全詩營造一種陰冷灰暗神秘的意境，象徵著在追逐的路途中所面臨的巨大風險乃至代價。這些意象的呈現與象徵性的結合造成了主觀與客觀契合的意境。圍繞這種氛圍的渲染，詩中出現了航道、碼頭、海岸線三個象徵處所的意象，代表著詩人帶著希望之心去探尋未知世界，即使沒有前進的道路也要勇敢開闢。

而後詩人用「路」象徵著追求人生的理想，世人往往易於隨波逐流，而對新的探尋不屑一顧。朱先生用「曇花」一詞象徵精神的滿足稍縱即逝，很快便被功名利祿所取代。曇花一詞源於佛教，最早出現在《妙法蓮花經・方便品》，而後有蘇軾的「憂缽曇花豈有花，問師此曲唱誰家」，都象徵著時間之短暫。法螺是佛教的一種樂器，佛家講經說法時要吹法螺，其聲音悠長，能夠響徹四方。在這裡詩人運用法螺這個意向暗示靈魂的寂寞和深沉的痛苦，猶法螺在心中回響一般，那無限惆悵的聲音難以覆蓋孤寂的心靈，也難以消逝於悵惘的寧靜中。可見朱英誕受傳統文化薰陶之深，追求詩歌的禪意和玄思，而這些玄思也是通過具體的形象來體現的，真正做到了「玄思感覺化」，即詩人獨特的生命體驗之中「隱藏著玄思和跳躍著的觀念」〔註5〕。最後詩人選擇了海、天、陽光這三個美好的意象，意在強化情緒，與前面的意象群構成詩的情緒的延伸與補充，情感上起伏變化，暗示朱英誕對理想的執著追求，無須世俗的肯定，只求個體生命的自洽與自足。

〔註 4〕孫玉石，《中國現代主義詩潮史論》，北京大學出版社 2005 年版，第 155 頁。
〔註 5〕許霆，《中國現代主義詩學論稿》，上海文化出版社 2005 年版，第 99 頁。

　　詩人運用了大量具有跳躍性的意象和現代派的手法，使詩充滿隱喻、暗示、象徵，在朦朧的意象呈現中傳達自身的感情與思緒。詩歌的每一節都含有內涵豐富的意象，或化用典故，或具有象徵之意。而每節詩歌間又相對獨立，使得整首詩歌較爲晦澀，可以說這是現代派詩歌的代表之作。

2、抒情方式藝術化

　　上世紀 30 年代現代詩歌意識開始確立，詩的情緒是詩的核心，而這情緒是經過詩人心靈這條「白金絲」的「完善的消化和點化種種爲它充材料的激情」〔註6〕。詩歌已成爲詩人心靈昇華過的內在情緒的表述，那種奔放的抒情一去不復返，取而代之的是內斂式的自我開掘，詩歌由此變得更加深沉。

　　《探險家》面向內心，表現內在生活的深邃性，探索自我深層的心理。詩人用多個寓意豐富的意象來象徵追求理想的艱辛。環境的惡劣，身體的苦痛都不能阻止他在精神上的享受，當肉體與靈魂做著生死博弈時，詩人毅然選擇了後者。在理想和現實的十字路口猶豫徘徊後，仍舊選擇了心中所苦苦追尋的永恒價值。在這裡詩人將情感的微妙變化通過象徵性的意象含蓄地表達出來，從而讓人感到一種美感，上昇到詩人的靈魂深處，呈現的是潛意識中的真實思緒，在剖析自我的內心世界的同時將最美好最淳樸的感情展現在讀者眼前。

　　而這種內心世界的開掘可以說吸收了古典詩詞傳統的精髓，特別是以李商隱、溫庭筠爲代表的晚唐五代時期的冶豔詩詞。朱英誕在《我對現代詩的感受》中說：「蔡普門（A.Chepman）在《詩與經驗》裏，『嚴格的把真詩和辭藻分開』，他認爲『真詩是絕對不能用散文來代替的』。這是我最初接觸並接受了的一種現代詩的理論。因之，我聯想到『晚唐詩』，尤其是李商隱的《無題》之類的詩，是足供我們借鑒的。」〔註7〕30 年代的「晚唐熱」現象讓詩人著重書寫自己內心的情緒，「傳達中又給這種情緒與感覺以一種迷離惝恍的朦朧的外衣」〔註8〕，這種含蓄的藝術表達方式使詩人找到了古今中外詩歌之間的藝術契合點。溫李的詩歌借助豐富的想像來傳達生命體驗之情，他們的想像自由馳騁，天馬行空，或依靠幻想，或用典故使情緒轉化爲客觀對應物，表達自己的心緒。這也影響了朱英誕的詩歌，使其通過朦朧隱蓄的形式思考人生哲理，探尋形而上的深層意蘊。

〔註6〕 T.S.艾略特，《傳統與個人才能》，上海譯文出版社 1998 年版。
〔註7〕 朱英誕，《我對現代詩的感受》，引自《新詩評論》2007 年第 2 輯。
〔註8〕 孫玉石，《中國現代主義詩潮史論》，北京大學出版社 2005 年版，第 147 頁。

　　《探險家》將視角向內轉，在低回感傷的律動中徘徊著一個倔強的尋夢人，真實地展現了詩人絕望與尋求的心路歷程。詩歌題為探險家，實際上象徵著詩人自己，既是充滿冒險精神的前行者，又是開闢新域的創造者，同時也是受到質疑的孤獨者，當然也是執著夢想的堅守者。每個人何嘗不是人生旅程中的探險家？未知的領域蘊含著美麗的夢想，充滿期待，令人憧憬。但是想要成功抵達目的地，必須付出畢生的艱苦代價。也許是身體上的苦痛，也許是靈魂上的寂寞。這一象徵代表著現代民族的探尋精神，使整首詩歌更加神聖化。

　　而艱難跋涉的探險家形象是通過暗示、隱喻、象徵來塑造的，詩人不直接說明自己在探尋路上的感覺，而是運用意象來強化這種感覺。於是出現了「把死亡擲到夜空的手指」這個新穎的意象，強化了詩歌的情緒。我們確能體味其清冷、含蓄的意蘊，這又與晚唐詩歌遙相呼應。

三、結語

　　朱英誕是寂寞的，與時代的錯位使其在心靈的探險途中孑然一身，而正是因為這種孤寂，才使得他與內心對話，在獨語中顯露出心緒和情思，也讓我們看到詩人寂寞靈魂伴隨著倔強的身影消失在海平線，這樣一份悵惘與感傷瀰漫在整首詩歌中，也飄蕩在詩人的一生之中。勤懇博學的朱英誕在 30 年代是一顆不可忽視的璀璨之星，用個體生存方式表現了靈性的真實與自由，相信這樣一位出色的詩人定會受到更多的重視。

　　　　　　　　　　　　　　　　　　　　——選自王澤龍的新浪博客

附錄：

　　　　探險家
　　　　聽取海天私語，
　　　　陽光為你再滿斟一杯。
　　　　天秤顛簸像小船，

小，但安放著死亡

在一端而另一端是

把死亡擲到夜空的手指。

無限大的歡樂傳遞著，

從心到眼，從眼到心，

這裡沒有航道，

碼頭嗎？座落在海岸線的任何一點？

無數人踐踏過的

路並不一定是最壞的一條，

但，這新發現的一條呢，

彷彿曇花一現，

走來的人啊，多多益善。

高大起來，

從患難者之群裏，

那比孤獨更大的安靜：

將永遠回聲吹奏法螺？

聽取海天私語

陽光為何再滿斟一杯。

　　　　　　　──選自《夜窗集》（丁三稿）（1944）

廢墟下的歸眞
——朱英誕《陌巷》賞析

曾琦珣

　　朱英誕繼承了廢名「當下性」的詩學觀，指出新詩就是「內容是『眞詩』，形式是散文」的自由詩。《陌巷》便是這樣一首詩歌，形式雖是散文式的斷片，內容卻是渾然一體的「眞詩」。

　　詩歌以陽光和月亮爲載體，追隨著它們經過的路徑，對陌巷進行了三個層次的探尋：

　　在空間上，反映出冰封一樣的凝固和靜止的狀態。詩人聚焦的鏡頭由局部移到整體：光線經過壞牆，撫過人們的面龐，後來擴展至「每一條陌巷」，這在詩歌這賦予了空間以動感。而靈動的陽光和月亮所造成的空間的動感，則反襯出「臉面」的呆滯，「白癡」的麻木，木偶一般的人們的被動。即便是「舞蹈走來」的路人，也彷彿戴了「假面」。陽光和月亮沒有和人們明亮的目光相遇，也沒有受到愉悅的笑靨的迎接，只是「經過」，而未得到任何回應。

　　在時間上，在直線性的流動中，帶有曲線式的迴環。「反覆辨認」說明時光一點點地流逝，不僅僅是從斑駁的壞牆表面流走，也在人們的身上匆匆滑過。然而，面對日復一日的光陰的逝去，人們幾近於麻木，臉面上「甚至沮喪的神情也沒有」。陽光和月亮的腳步雖然在不斷地前進，時間卻似乎沒有在陌巷中、在人們身上，刻下自己的印跡，而形成了無奈的迴環，沒有出現任何新生、萌芽式的發展。陌巷和人們彷彿被隔離在一個靜止的時刻上，像木偶一樣感受不到時間的沙漏的聲音，廢墟依舊一成不變，壞牆、壞牆、還是壞牆。

　　從心理空間的維度來看，詩歌呈現出環境的自然與人性的自然的和韻與變奏。環境的自然和人性的自然，是朱英誕對於詩歌內容美的標準，而總結並提出的兩種美感〔註1〕。首先，陽光和月亮本也是環境自然中的一部分，詩人卻將它們暫時抽離出來，以探尋者的視角來審視整個陌巷；其次，「壞牆」在第二句中做了三次重複，而「走來」、「而又走去了。又一個走來」，與詩歌第二句的「壞牆，壞牆，壞牆」形成了節奏上的呼應，環境被冰封一樣地凍結，人們在其中無奈的等待，傳達出對擺脫等待的循環的渴望。時光流過這些傾圮的廢墟，廢墟在等待著時光的撫慰。這些廢墟就像人們殘破的心靈，等待時光的修復，等待心靈的歸眞，渴望春一般的繁花似錦。

　　另外，《陌巷》一詩，呈現出了朱英誕的「古典與現代互涉的」〔註2〕詩歌風格。詩歌兼具晚唐詩風的朦朧隱晦，和象徵主義詩歌的現代性。詩歌籠罩在一種朦朧、詭秘、冷寂的氛圍之中。「假面」和「舞蹈」等字眼，若是在西方舞會的語境中，則帶有狂歡化的特性，但在本詩中，則與上文的「木偶」形成有機的聯繫。詩中所描述的人們，沒有自由的歌舞，也無眞眞切切的歡笑，動作好似木偶一般受到無形的牽制，眞實的表情只能潛藏在假面的背後，模糊不清。人物外部表情的「陋」，以及「陌巷」的破舊簡陋，形成了巧妙的對應。「陌巷」這一古典的意象，與「假面」等現代的意象相輔相成，勾勒出了一幅別樣的簡筆畫。

　　在朦朧之中唯一清楚的，是對「春天的叫賣聲」的「仔細的諦聽」。全詩不著「希望」二字，卻在「陌巷」之中，迸發出一絲希望的微光。「叫賣聲」是活潑、富有生氣的，可以打破冰一般的冷寂，帶來春的生機與活力。陽光和月亮作爲禁錮的發現者，又成爲解除禁錮的希望的象徵。環境的禁錮並非恒久的鐐銬，對春暖花開的期待，是開啓鐐銬的鑰匙，是在廢墟中摘下假面、回歸本眞的渴望。人們並非急於想逃離廢墟，而是傳達出以本眞的回歸來重建廢墟的美好願望。由此，朱英誕詩歌古意奇崛而又富於晦澀性的哲思，可見一斑。

──選自王澤龍的新浪博客

〔註1〕倪貝貝、王澤龍，《朱英誕、廢名新詩理論比較研究》，《江漢大學學報》2012年第5期。

〔註2〕陳芝國，《朱英誕詩歌：古典與現代互涉的美學》，《江漢大學學報（人文科學版）》2010年2月第1期。

附錄：

陋　巷

陽光和月亮經過這些
壞牆，壞牆，壞牆，
它們反覆辨認
這些臉面，這些白癡，
甚至沮喪的神情也沒有。
陽光和月亮經過每一條陋巷，
許多人像木偶一樣，
然而，仔細的諦聽著
春天的叫賣聲。
一個路人彷彿假面而舞蹈走來
而又走去了。又一個走來……

　　　　　　——選自《夜窗集》（丁稿三）（一九四四年）

前行啊，滿載心願的浪花船
——淺析朱英誕《浪花船》

王　雨

　　朱英誕的詩歌大多數像寫意的中國山水畫，而《浪花船》卻像是一幅輪廓清晰的油畫，詩人勾畫了這樣一幕夢幻純眞而又眞實可感的海濱畫面：遙遠的蔚藍天幕下，一個小小的身影在海邊踏浪，原來是稚嫩的孩子在放紙船，粉嫩的手臂揮舞著，清澈的眼眸眺望著，滿載著心願的紙船在浪花中忽隱忽現，飄搖遠去……這一場景或來源他自身的童年記憶或只是個可望而不可即的無塵夢境，裏挾著詩人對與母親共度的美好時光的追憶和女兒無憂童年的希冀。

　　詩歌前半段中，「孩子手中紙疊的小船／潔如白紙的心徘徊在海邊」，詩人將本質潔淨的紙船同孩子不沾染浮世塵埃的童心相聯繫，比喻精巧別致，大海在此既成了容納紙船的港灣，也是盛放無邪的溫床。「大海水曾經做你的搖籃／你的海卻在一朵浪花間」孩童視角里象徵著整個宇宙的大海，在成年人的眼中其實只是一枚毫不起眼的小小浪花。想起再也回不去的與母親共度的童年時光，詩人天眞浪漫的心境，感慨成年世界的爾虞我詐、時局不穩，一股淡淡憂傷不由得湧上心頭。詩人充分吸收西方現代派詩歌的象徵主義手法，打亂了詩歌內在結構的時空和物理邏輯性，他將折紙，放船，目送的一系列細節凝結在看似跳躍突兀，實則熨帖的意象疊加中。「徘徊」、「曾經」、「卻」層層遞進，步步深化，雖然用語奇崛，亦不合邏輯，但點染出詩人希望與惘然共生，既糾纏又矛盾的心緒：「徘徊」因為苦於思索出路，「曾經」強調物是人非的虛無，一個「卻」字藏著詩人愁腸滿腹中的百轉千回。

詩歌後半段中，詩人將浪漫抒情的感性認識與象徵主義的理性象徵巧妙結合，將奇詭怪異的聯想發揮到極致。鷹擊長空，魚翔淺底，鳥有羽翅故能在空中翱翔，魚有鰓鰭方能在水中暢遊，這是人盡皆知的常識。然而在朱英誕天馬行空的詩歌意象世界裏，「青天下沒有鳥而有魚／而魚都落入夢似的天空上」，瑰麗大膽的想像給魚插上了羽翅，在青色的天空中穿梭，彷彿點點繁星誤入孩子的夢田。陌生化的抽離處理和通感的靈巧運用，令習常的意象閃耀出一種奇妙異常的美感。道一聲「別苦悶」直抒胸臆，這是全詩唯一一次外在表現詩人的內心情緒，也點出詩歌上半部分縈繞的愁苦情感。於是詩人像是對海邊的孩子，其實是對現實中的兒女們勉勵：拋開胸中的愁苦吧！只要心中的堅持還在，只要承載著心願的夢舟還在，前途雖少不了艱難崎嶇，未來也一定能找到出路。「三月的江南」終將到來，那萬物復蘇，草長鶯飛的好時光，那漫天遍野舒展的蓬勃生機。馬兒在嫩綠的草原上盡情馳騁，隨處可見的是春意融融，閒適恣意的田園牧歌圖。「馬兒在三月的江南」是詩人不自覺地沿用了中國傳統詩歌描繪的「春風得意馬蹄疾」的場景，更像是經過現代化包裝了的古典田園詩。「孩子／你的小船／是馬兒在三月的江南」，小紙船在無邊海洋中的「航行」與「馬兒在三月的江南」並置，一掃詩歌前半段悽惶未知的漂泊感，取而代之的是劈波斬浪地向未來前進。

這首詩描繪的是一幅稚兒海邊放舟的虛構圖，詩人僅截取一個動態場景的瞬間畫面，閱讀的同時彷彿在欣賞一幅經過精心構圖的美麗油畫。他將直覺的感悟，他的某種情懷或思緒融化在虛無縹緲又時刻籠罩的氣氛裏。可見他要刻畫的恰恰是一種朦朧的情調或情緒。「夢」、「青天」、「江南」這些足以勾起中國人整體性鄉愁的意象來自於古典詩篇的傳統沉澱，「魚」在「青天」翱翔，「落入夢似的天空」，這些陌生化的感物方式和錯位的比喻又來自於西方象徵主義詩歌流派，將中國傳統意象別出心裁地處理，使意象同時具備了流動美和組合美。詩人深受西方現代詩歌技法影響，選用的意象之間零碎跳躍、又並無內在邏輯聯繫；吸收中國古典詩歌對於意象總體性把握的傳統，超越西方象徵派意象組合式的藝術建構，把疊加的意象幻化成意境，以意象的和諧統一為目的，努力構造一個完整的象徵性意境，通過意、象緊密結合，情、境圓融合一，共同化作中國古典詩歌傳統中渾圓純熟的意境，獨具朦朧美和詩意美。

　　廢名讀朱英誕的詩，曾評價說「不可解，亦不求甚解，彷彿就這樣讀讀可以，可以引起許多憧憬似的」，朱英誕的詩歌特點是詩思飄忽，不易琢磨。這首詩也有一種飄忽不定的不可捉摸感。的確，詩歌的主題無法揣測，但至少我們可以觸摸到詩人在詩歌中投注對美好的憧憬。

——選自王澤龍的新浪博客

附錄：

浪花船

孩子手中疊的小船，
潔如白紙的心徘徊在海邊；
大海水曾經做你的搖籃，
你的海卻在一朵浪花間。

青天下沒有鳥而有魚，
而魚都落入夢似的天空上；
別苦悶，孩子，你的小船是
馬兒在三月的江南。

——選自《夜窗集》（丁稿二）（一九四四年）

獨語中的逃逸
——朱英誕《浪花船》賞析

徐　慧

　　朱英誕是現代文學史上一位特殊的詩人，他創作了近四千首新詩和舊體詩，卻因與時代的錯位而被淹沒。今天筆者就他的一首短詩《浪花船》進行分析，以期能對朱英誕的創作有一個初步的瞭解。

　　「孩子手中紙疊的小船，潔如白紙的心徘徊在海邊」，開頭的這兩句兼有描寫和抒情，爲我們描繪了一幅純潔明麗的畫面：一個手拿紙船的孩子，徘徊在蔚藍明淨的海邊。他的心靈「潔如白紙」，與他手中的船兒互相映襯，但這顯然不是一個無憂無慮的孩子，他沒有飛奔，沒有歡笑，而是「徘徊」在海邊，這可以理解爲詩人自己苦悶徘徊的心境的投射。廢名和朱英誕都認爲，「當下性」是新詩的特質，特別注重當下的情緒和審美體驗的書寫。因此，這首小詩中「徘徊」孩子，很可能是當時心境苦悶的詩人的自況，他捧著自己的心愛之物（或許是詩），卻在原地徘徊。那「孩子」爲什麼要去海邊呢？「海」意味著什麼呢？「大海水曾經做你的搖籃」，「海」擁有母親一般的胸懷，它能安慰一顆受挫的苦悶心靈，給人踏實安寧的感覺。接下來一句「你的海卻在一朵浪花間」，這裡的「海」已經沒有實指意義，它指代「孩子」或詩人自己全部的童年經驗，全部的精神寄託，而這些寄託卻在「一朵浪花間」，「浪花」是「海」的部分，「海」是「浪花」的樂園，「浪花」是自由的，是快樂的，是無拘無束的。這兩句互相交叉映襯，給人參差錯落的美感。

　　第二節詩開頭寫「青天下沒有鳥而有魚，而魚都落入夢似的天空上」。相對於畫面感眞實具體的第一節詩來說，這兩句比較抽象和夢幻：天空本是鳥兒的樂園，然而這裡「沒有鳥」，只有「魚」，而「魚」離開了本來所在「大海」，落入了「夢」一樣的天空，「夢」的感覺是飄渺的，不定的，虛幻的，

於是「魚」失掉了自己的家園，無根地漂浮，憂鬱而迷茫。這兩句詩想像大膽，在空間交錯的變換中營造出一種「幻覺」。「幻覺」是廢名和朱英誕論詩時的一個範疇，既不是寫景，也不是抒情，而是想像中的猜度，使畫面靈動起來，從而傳情達意。這兩句通過巧妙空靈的意象傳達了作者內心的苦悶孤獨，唯美迷幻，但又孤獨憂傷。接下來，詩人就展開了對話，語調親昵平和，他安慰迷路的孩子說「別苦悶，孩子，你的小船是／馬兒在三月的江南」。「小船」與開頭相呼應，它是「孩子」的珍愛之物，能引導「孩子」擺脫現實的苦悶，回到溫馨純淨的故鄉，重新獲得寧靜與幸福。故鄉是「三月的江南」，充滿著春天的氣息，燦爛明媚的、溫潤柔和的，而馬兒在這樣的季節中行走，載著孩子的夢幻歸來，蒙著淡淡的暖色調，不緊不慢，蕩漾著醉人的幸福。這裡，如果把「孩子」理解為詩人自己，整首詩就變成了詩人的自我對話，在回憶中找尋曾經失落的淡藍色童年，從而讓心靈有所停靠，而把現在與童年、苦悶與寧靜、此岸與彼岸溝通起來的「紙船」應該就是詩吧。

就主題方面來說，這首詩應該是在苦悶的心緒下，懷念故鄉，追憶童年的作品，這樣一個主題，再加上「紙船」的意象，使人很容易想起泰戈爾和冰心的同名詩《紙船》，泰戈爾以童真的心，用「紙船」表達對外部世界的嚮往，對生活的熱愛——「我把園中長的秀利花載在我的小船上，／希望這些黎明開的花能在夜裏被平平安安地帶到岸上。」冰心用「紙船」傳遞對母親的愛和深深的依戀——「倘若你夢中看見一隻很小的白船兒／不要驚訝它無端入夢。／這是你至愛的女兒含著淚疊的，／萬水千山，求它載著她的愛和悲哀歸去。」泰戈爾的詩不僅啟發了冰心，而且催生了曾經風行一時的一種詩體——小詩，小詩通常短小精悍，表達日常生活中忽起忽滅的情感，周作人曾說：「這樣小詩頗適於抒寫剎那的印象，正是現代人的一種需要。」〔註1〕雖然小詩在 20 年代初風靡一時，並在 1925 年後逐漸衰落，但注重當下的情感抒發的特質，與朱英誕「當下性」的詩歌主張相契合，再加上關於童心、母親、愛、自然的主題共鳴，朱英誕與「小詩」這一傳統似乎有內在的承續關係。

與冰心借「紙船」來承載親情不同，朱英誕的這首《浪花船》更多的是詩人我自我對話，自言自語，著重在詩歌世界中營造自己的相對自足的精神

〔註 1〕 周作人，《日本的小詩》，連載於 1923 年 4 月 3～5 日《晨報副刊》。轉引自謝冕等著，《百年中國新詩史略——〈中國新詩總系〉導言集》北京大學出版社 2010 年 3 月，第 38 頁。

生活，並在詩性想像中逃逸嚴峻的現實世界。「浪花船」通往的彼岸是溫馨的童年，是詩人自己的安寧與平靜，「浪花船」所溝通的是詩人與自我、詩人與世界、詩人與詩的內在關係。這與現代主義詩潮的影響不無關係。朱英誕與林庚在戰前就是現代派詩人群中的一員，再加上淪陷區的政治氛圍和生活境遇，詩人們更加深刻地體會到了自我的生命狀態，從而專注於內心情緒的書寫，因此，現代詩潮的內心化傾向在淪陷區的詩歌創作中餘緒尚存。類似的主題在他其他的詩作裏也有體現，如《對月》、《流浪人之歌》、《苦雨》等。這些思索已經超越了傳統詩歌的命題範圍，更多的是西方式的哲學思維方式。

林庚曾經說過，法國象徵主義在中國已經「深入了詩壇的靈魂中」，他本人也是「意象派詩大潮」中的重要詩人。朱英誕作為他的學生，在詩藝和技巧上深受影響，非常注重意象的使用和意境的營造，追求「如星與海棠之空間」般的「疏朗」。朱英誕因其融合中西的詩藝探索，以中國式的象徵主義詩人的面貌出現在詩壇。

《浪花船》這首短詩使用了較多的意象，包括「大海」、「浪花」、「紙船」、「飛鳥」、「魚兒」、「天空」、「夢」、「三月的江南」等。這些意象都是較為柔美純淨的意象，在中國古典詩歌中也經常出現，此外，詩歌柔和的語氣、朦朧的色調也都符合中國古典詩歌的特徵。但相對於中國古典詩歌意象較為單純、確定、透明的特點，《浪花船》中的意象又複雜、含混、朦朧一點。「浪花船」具有多重意蘊：首先是宿命的漂泊與流浪（詩人的命運）；其次是純淨的靈魂、孤獨的心理狀態的象徵；再次，浪花船聯繫著流浪人和他永恒的港灣，充滿著溫馨迷幻的色彩。「魚都落入夢似的天空上」可以理解為孩童天真的幻想，也可以理解為失根的漂浮，也可以理解為一種可望而不可即的失落……意象的組合方式極富想像力和隱喻性，朦朧不致晦澀，疏朗不失流暢。

朱英誕說：「詩是精神生活，把真實生活變化為更真實的生活，如果現代都市文明裏不復有淳樸的善良存在，那麼，至少我願意詩是我的鄉下。」〔註2〕但願「浪花船」能載著詩人的夢與思回到他「三月的江南」。

——選自王澤龍新浪博客

─────────

〔註2〕 朱英誕，《一場小喜劇》，《中國文藝》，第5卷第5期。轉引自謝冕等著：《百年中國新詩史略——〈中國新詩總系〉導言集》，北京大學出版社2010年3月，第136頁。

朱英誕詩歌《枕上》賞析

周　聰

　　有很多次，在深夜被窗外呼嘯的風刮醒，雖然風只是呼呼地拍打著窗戶，但還是感覺到了一陣寒意。這些夜晚令人不由自主地想到故鄉的池塘、稻場、籬笆旁的絲瓜藤、蟬鳴、月光下的小河、滿天的星光……它們如今都已遠離生活，只有在夢中才能與它們相見。在課堂上讀到朱英誕的詩作《枕上》時，那些遙遠的記憶一瞬間被詩人的體驗所喚醒，令人的心彷彿又回到了那片為人所眷戀的土地。稍微查詢了下文題，才領悟「枕上」指的夢中，南宋詩人蕭德藻有一首《呂公洞》寫的是三十年後經過呂公洞的見聞與感受，詩中也有「枕上」一詞，全詩錄於此：「復此經過三十年，唯應岩石故依然。城南老樹朽為土，簷外稚松青拂天。枕上功名祇擾擾，指端變化又玄玄。刀圭乞與起衰病，稽首秋空一劍仙。」蕭詩抒發了對功名擾心、生活變化的感慨，可以供我們瞭解「枕上」的虛指夢中之借鑒。下面我們將具體分析朱英誕《枕上》一詩的具體特色。

　　「寒冷的風由遠而近」，起筆「寒冷」一詞，它不僅僅是作者感受到風的刺骨的涼意，更是作者一種真實的內心體驗，在筆者看來，詩人是在借風的寒冷來抒發內心的淒冷。對於常人來說，對寒冷的風都有過真切的感受，而作者起筆就給讀者帶來了一絲絲涼意。「夢攜來泥土的香味」，值得注意的是，泥土的香味是被夢攜帶而來，並不是風，因為「夢」的不確定性可以給泥土的味道增加了一層虛無縹緲的色彩。「夢」一詞也呼應了文題「枕上」，它也佐證了文題應理解為虛無的「夢中」。「有風自南，來自海上」，它照應了前面的「由遠而近」，海上的風從南邊、緩緩地吹來，寫出了風行走時的方向感、層次感。這兩個四字短語有節制地錯落於全詩之中，增添了一種行文上的流

動感，擺脫了現代詩創作中常見的那種定中結構堆砌的毛病。而這一小節最後一句「風啊，吹來了，徐徐的消逝」，則是進一步書寫風的姿態，風在深夜吹來了，然後在破曉時分「徐徐的消逝」，「徐徐」一詞將無形的風寫得生動有形，它宛如一縷青煙消失在空中般，留給人無窮的回味。「徐徐」既是寫風，風的流動中暗含著作者對時間的細膩體悟與感知。「徐徐」一詞選用得十分巧妙，倘若換成其他的形容詞，便很難有這種讓人展開聯想的空間。

　　如果說詩歌的第一小節是對風的描寫，那麼第二部分則進入了對「夢」的追尋。夢是由於「枕上」的睡眠引發，這種夢的書寫其實是對現實生活的某種折射。人們常說「日有所思夜有所夢」，就是這個道理。「睡枕是驚夢的暗水的小池塘」，回到枕邊，將「睡枕」比作「小池塘」，從後文來看，小池塘必定是作者童年記憶的象徵。在筆者小的時候，有過在池塘邊玩耍的經歷，不論是釣龍蝦、玩泥巴，還是踢球，等等，這些都成為長大後珍貴的記憶。因此，作者的詩讓人彷彿又回到了幼小的兒童時代。而「驚夢」、「暗水」，包含著某種淒迷的色調，透露出作者心中的憂愁與灰暗情緒。「驚夢」說明作者是在夢中突然被驚醒，而「暗水」這種寫水的方式比較獨特，它既與深夜灰暗的氛圍相協調，也是作者心情的一種流露。「吹落星花，徐徐的消逝」，這句包含著作者豐富的想像：有風的夜晚，星星如花瓣散落在兒時的池塘裏，一陣風過，又隨緩緩流動，徐徐前行。這種想像與「枕上」的主題是分不開的，半夜的憂思必定是白天有所想念的事物。「徐徐的消逝」與第一小節的重複，令人在不自覺中察覺到時間的流逝。「籬園裏是空的，有曉月，像乳白的小孩。」最後一句是一幅唯美的畫面描寫：拂曉的月光灑滿籬笆，院內空空的，放眼望去，月亮如同一個乳白色的小孩，即將天明。這一幅唯美的畫面十分純淨、安詳，透過它我們能夠體會到作者內心深處的那份安靜與在夢中懷念童年和鄉村的情感。

　　在筆者看來，《枕上》的意象營造方式明顯地受到了晏殊的影響。晏殊有一首詩叫做《寓意》，在營造意向的方式上與《枕上》可以說是大同小異，晏詩全文如下：「油壁香車不再逢，峽雲無迹任西東。梨花院落溶溶月，柳絮池塘淡淡風。幾日寂寥傷酒後，一番蕭瑟禁煙中。魚書欲寄何由達，水遠山長處處同。」我們看看晏詩中的「梨花院落溶溶月，柳絮池塘淡淡風」一聯，詩句中的院落、月、籬笆、淡淡風，是不是與《枕上》中的意向一致呢？令人欽佩的是，晏殊的這首詩寫的是戀情中的相思，而朱英誕將這些意向賦予

了新鮮的內涵，在意向的組合方式上十分相似，但朱詩卻非常自然，不留一絲痕跡。《枕上》一詩在作者對曉月、籬笆院落的書寫中結束，簡潔而給讀者以無限的想像空間。

通過以上的分析，筆者認爲，這首《枕邊》是一首懷念童年和鄉村的詩作，因爲詩句中的「泥巴」、「籬笆」、「曉月」、「小孩」等意象，是鄉村詩歌中較爲常見的意象符號，它們能夠有效地調動讀者的鄉村經驗。而從詩作書寫的外部環境來看，有風的夜晚，被風聲驚醒後，作者的思緒裏，很容易包含著對已逝歲月的懷念與思考。有人說，好的詩歌能直抵人心，它能在某一瞬間點燃我們的記憶，讓人們在這種記憶中體驗到一種眞實的情緒。顯然，《枕上》這首詩歌做到了，拂去那些令人新奇的學術術語，簡簡單單地體味作者內心的情感，這才是讀懂一首詩歌的關鍵，也是《枕上》能夠深深吸引讀者反覆閱讀的原因所在。

——選自王澤龍新浪博客

附錄：

枕　上

寒冷的風由遠而近，
夢攜來泥土的香味；
有風自南，來自海上，
風啊，吹來了，徐徐的消逝。

睡枕是驚夢的暗水的小池塘，
吹落星花，徐徐的消逝；
籬園裏是空的，有曉月，
像乳白的小孩。

——選自深巷集（原作枕上集）（丙稿）
（一九三七～一九四五拾遺）

尋夢人的夜歌
——《枕上》品讀

任褘男

　　我們都有過從熟睡的美夢中醒來的經歷，應該能意會到一種朦朧、迷離的美妙感覺：那是夢裏和夢外冥合難分的交錯感，也是身體和心靈兩相合一的舒適感……彷彿在那麼一剎那，人和宇宙萬物相互契合，而任何塵俗的煩擾、爭執都已不消再提了。相對俗世，夢境裏真是個讓人耽迷的世界：那裡與現實彷彿隔了一層輕柔的紗幕，從而顯得幽謐、玄遠。醒來的人多想重新回到那個虛渺的世界，可終究是回不去的，這又不能不叫人惘然。

　　《枕上》這首小詩寫的正是夢醒時分迷離、沉醉的體驗，以及因夢境一去不回而生發的悵然、失落的微妙感受。「寒冷的風由遠及近」，這一段從實處寫起，夢醒時分，寒意襲人，「冷」的身體實在感「由遠及近」，表現了身體逐漸蘇醒的過程，也暗示著夢境因此將「由近及遠」，然而溫柔的夢畢竟美好，讓「我」多想在夢境之中多停留、多回味一會兒。於是，「我」由實入虛，試圖重新回到夢裏靜謐飄渺的氛圍當中：夢像泥土的氣息一樣馨香清甜，夢裏的風也不是「寒冷的」，它「自南而來」，「來自海上」，它是帶著南國的溫熱，帶著海水朦朧的潮氣而來的吧！可畢竟「我」已經從夢境中醒來，夢裏的美妙感受隨著身體的蘇醒慢慢消散，就如同吹來的南風一樣「徐徐的消逝」。「我」的情緒隨著冥想的深入，由弱漸強，然而當情緒達到頂點之時，卻由一句「徐徐的消逝」將「我」從虛境之中拉回，一股悵然若失的感受油然而生。

　　然而即使「我」知道夢片刻也不會停留，但對夢境的耽迷使「我」哪怕在它消逝前的一霎那，也要駐留在那裡。「睡枕」顯然是實處之物，但於「我」

眼中，那就是「驚夢的暗水的小池塘」，這樣一個「移覺」又讓「我」回到虛境，進入純美奇幻的境地，夢裏的風把「花」一般的「星星」從天空中「吹落」，多麼瑰麗！但夢究竟是留不住的，不管「我」有多麼不捨，它依然像風一樣，不緊不慢，「徐徐的消逝」，當夢裏的風消逝了，夢裏的時間也停止了，夢像空疏蕭瑟的籬園，什麼都沒有了。而一切凝定在一輪乳白色的如孩童一樣純美的曉月之上。「曉月」是實景還是虛境似乎都無所謂了，它更像是「我」內心情緒的外化：純淨、迷朦又帶著淡淡的愁怨——就是夢醒時那種莫可名狀的複雜心緒。與第一段相對，這一段的情緒是一個由強漸弱的過程，夢意漸漸消退，「徐徐的消逝」這一句的再次出現，生成了一種不可使夢境片刻逗留的無奈感，最終那一陣「風」吹過了，定格於「乳白的小孩」這個意象，「小孩」的純眞、無助、弱小與「我」耽迷、悵然、無奈的複雜心緒多麼貼切。

　　朱英誕這首《枕上》頗具他前期詩歌創作的象徵主義詩藝追求，又兼有東方美學品格。這首詩抒寫「夢」這一難以名狀、無跡可求之境，而「尋夢」這一虛無縹緲的瞬間感受一直是讓西方象徵派藝術家最爲癡迷的體驗〔註1〕，無論是德彪西的主題音樂，還是德加、雷諾阿的繪畫，抑或是馬拉美《牧神午後》、蘭波《醉舟》這些詩篇，他們的共同美學追求就是想抓住神秘迷幻的、稍縱即逝的心靈感受，通過藝術載體將其凝定成永恒的實體形態，而「夢」，在這樣的藝術追求中，自然而然成爲了他們藝術表現的共同主題。如果我們把目光調轉回東方，就會發現象徵派藝術在六朝晚唐那裡，獲得了遙遠的呼應。我們品味李義山的無題詩、溫飛卿的花間詞，著實難覓詩義，卻又的確能體味冷謐、幽獨、含蓄、清冷的意蘊。我們可以察覺，無論是詩歌思維、詩意生成的方式，還是意境的營、語言的組織技巧，西方象徵詩與晚唐詩都有所暗合，只是它們在自己的時空中，寂寞地獨自唱歌罷了。而二十世紀中國新詩偉大的功績之一，就在於，它將傳統與現代的資源加以整合，使得中國新詩藝術既可以與中國古老的詩歌傳統對話，又可以於世界詩歌藝術溝通，從而站在了一個新的藝術高度。而這首短小的《枕上》就可供我們管窺朱英誕詩歌「古典與現代互涉」的詩藝探索〔註2〕。

〔註1〕 吳曉東，《象徵主義與中國現代文學》，合肥：安徽教育出版社，2000 年，第290 頁。

〔註2〕 陳芝國，《朱英誕詩歌：古典與現代互涉的美學》，《江漢大學學報》（人文科學版）2010 年第 1 期。

我們看《枕上》的意象：「風」、「夢」、「泥土」、「睡枕」、「暗水」、「池塘」、「星花」、「籬園」、「曉月」、「小孩」等等，都是中國詩歌的傳統意象，但是「夢」與「風」的交感，「曉月」與「小孩」的契合，顯然又是西方象徵主義詩歌的感物方式。然而，與西方意象詩疊加有餘卻缺乏整體意蘊生成不同，朱英誕這首詩的意象顯然構成了一個和諧的整體性的意境，它既有象徵主義詩歌虛幻不可捉摸的迷離感，又吸收了中國傳統詩歌意境營造上的營養，使得意象意境化〔註3〕。《枕上》因其在意象上將西方的意象表現與中國的傳統意象藝術加以糅合與創化，而顯得圓熟妥帖，滿足了整個詩歌的詩意表現。

西方象徵主義詩歌特別注重詩歌的音樂效果，魏爾倫《詩論》開篇就有言：「音樂先於一切。」〔註4〕朱英誕的詩歌對此也有明顯的自覺追求，而這種音樂性主要體現在了情緒節奏方面。《枕上》的音樂感正體現在情緒的潮漲潮落：夢境的追憶與夢境的消逝暗合情緒的起落，而「徐徐的消逝」這一句兩次出現，如同音樂中反覆呈示的主音，強化了這種節奏感。詩歌也在外在形態上協助這種節奏的生成，每行字數由少至多，再由多變少，形成了與情緒消漲同步的拋物線，使得視覺節奏與情緒節奏相互吻合。另外，《枕上》全篇以四音步為主，而收束處卻突轉為三音步，給人悵惘之感，似有無窮的餘味。《枕上》在細部上，也有著精妙的樂感營造，例如「睡枕是驚夢的暗水的小池塘」一句，「驚夢」、「暗水」無論是從視覺的意象上，還是從聽覺的語音上，都形成了「明」與「暗」的色調對比，如同鋼琴家觸鍵的變化，巧妙地營造出音色的明暗效果一般。

朦朧靜謐的意象，消漲起伏的節奏，短短的一首《枕上》，宛如短短的一曲夜歌，吟詠尋夢人的追尋與喟歎。

──選自王澤龍新浪博客

〔註3〕 王澤龍，《論中國現代派詩歌意象藝術》，《華中師範大學學報》（人文社會科學版）2004年第6期。
〔註4〕 王澤龍，《論西方象徵主義對中國現代主義詩歌的純詩化影響》，《外國文學評論》，1996年第4期。

枕上無盡的流浪
——讀朱英誕的《枕上》

王娟娟

　　朱英誕是一個默默行走在詩歌路上的「詩人」，他追求詩人應當有的生活方式，正如他在《一場小喜劇》中說的「詩是精神生活，把眞實生活變化爲更眞實的生活」。詩是詩人生活的寄託和成果，有了詩的詩人便是不寂寞的。朱英誕便是在枕上也能行走，並生出無盡流浪的詩人。

　　「枕上」是中國古典詩詞中經常出現的意象，唐朝岑參《春夢》一詩有：「枕上片時春夢中，行盡江南數千里。」宋代蕭東夫《呂公洞》詩云：「枕上功名祗擾擾，指端變化又玄玄。」「枕上」總是給人以朦朧、幽思之感。躺著思想，是每個人習以爲常的生活習慣。夜深人靜之時，也是思維最爲活躍的時候。古有陸游《枕上述夢》，今有朱英誕枕上品味人生。

　　《枕上》由兩節組成，首句「寒冷的風由遠而近」既是對自然現象的如實描繪，也是詩人情感的外化，同時爲全詩奠定了清冷的基調。風是「寒冷」的，這風裏裏挾著淡淡的憂愁，吹著枕上無眠的人。一個「近」字把視角由遠方拉到了眼前，過渡得自然、流暢，寫出了無眠者悠遠的思念。

　　「夢攜來泥土的香味」中的「夢」字又把畫面由寒冷的現實切換進了帶著「香味」的夢境，這裡，詩人把「夢」寫活了，他該有多少鄉愁需要靠夢才能攜帶，這鄉愁有多重、多濃！「泥土的香味」與「寒冷的風」這兩個色調差別極大的意象，給人以錯落感，使詩人的感情得到伸展。

　　「有風自南，來自海上」比照首句「寒冷的風由遠而近」，再一次把視角轉向了「風」。「風啊，吹來了，徐徐的消逝」包孕著豐富的意象和情思。詩人運用通感的手法，既寫出了風的特點，它「徐徐的」吹著，同時也賦予了

那些「消逝」的記憶和故事以生命力，它們彷彿正踏著風的節奏「徐徐的」闖入詩人的腦海。

第一節用「風」和「夢」轉換視角，巧妙地聯通現實和過去，使時空在錯亂中達到了融合、統一。那些說不清道不明的回憶總是在難眠的夜晚隨著自然界的哪怕一陣徐徐的寒風就悄然爬上了枕上，它們是那麼「香」，那麼清新，彷彿還帶著「泥土的」氣息。詩人借助實實在在的自然景物和虛幻的記憶營造出了深廣悠遠的意境。每個人都會在枕上回憶起往事，那些歷歷在目的記憶是如此的模糊而又清晰，雖然不能記起點點滴滴的細節，但那種熟悉的味道卻是經久不忘的，如「泥土的香味」，常憶常新。詩人把一個人的鄉愁撒滿了世人的心田。

第二節由「睡枕」引起上一節夢境的串聯，詩人繼續在枕上述夢，更親近地探尋那「徐徐的消逝」的真面目。「睡枕是驚夢的暗水的小池塘」，再一次把我們帶入了夢與現實交織的境界，夢一如風，帶來了故鄉的氣息，但又無情地吹醒了異鄉人。這裡，分不清「睡枕」是虛寫，還是「小池塘」是虛寫，詩人運用虛實相生的手法，使這句詩的內涵放大了許多。躺在枕上的詩人突然意識到「寒風」吹來的「消逝」終究是過去的故事，但是「驚夢」後的詩人依然沉浸在如「暗水的小池塘」一般深沉、悠遠而又愜意的夢境之中。與其說詩人已經分不清現實與夢境，毋寧說詩人不願意讓自己的思緒被現實的枷鎖鉗制，「但願常醉不復醒」。這時的詩人一任靈魂自由穿梭，達到了物我兩忘的境界。

第二句「吹落星花，徐徐的消逝」。又一次回到了半夢半醒的現實中來，詩人意識到「徐徐的消逝」如「星花」，雖然美麗，但終究會消逝。接下來，詩人把目光投向了現實，他在半睡半醒中倚枕向外眺望，一幅現實和夢幻交織的畫面出現在了我們面前。「籬園是空的，有曉月，像乳白的小孩」這兩句詩既是對自然景物的描寫，同時也寄寓著詩人無限的情愫。在枕上無盡的流浪中，詩人突然清醒地看到了現實中一輪乳白的曉月，他是該歡喜的。

「籬園是空的，有曉月」乍一看不符合漢語語法規範，但在這裡卻使詩的味道得到了極大的提升，整句詩給人以空靈、闊大之感。「空」說明「園子」的空曠，這正是黑夜的魅力，它使一切都披上了黑色的外衣，所以天地便顯得空曠了。接下來詩人不動聲音，用淡淡地筆寫出「有曉月」，給人一種驚喜。空曠的天地之間只有「曉月」，一輪明月鑲嵌在純淨的夜空中，是那麼祥和、

溫馨，多麼美麗的一幅月夜圖！更妙的是詩人最後一句「像乳白的小孩」，既是對「曉月」的比喻，同時也使詩歌的基調轉向了活潑、明朗。詩人用「小孩」來比喻明月，潛意識裏他對明月是充滿希望和熱愛的。「月」可以撩撥鄉愁，但此時無眠的詩人突然對輾轉思鄉的一夜釋然了。「像乳白的小孩」輕輕一筆帶過，俏皮地寫出了詩人瀟灑、抑或故作淡定的超然情懷，把無盡的鄉愁融化在了明朗的「曉月」中，帶著淡淡的甜味。

廢名在為朱英誕的《小園集》作序時說：「六朝晚唐詩在新詩裏復活也。」廢名在《林庚同朱英誕的詩》一文中稱讚林庚和朱英誕的詩「他們的詩比我們更新，而且更是中國的了。」可以說，朱英誕既接受西方詩歌的影響，同時繼承了中國古典詩歌的精髓，學習到了「南宋詞人的聰明」。他自由地穿行於象徵主義和中國古典詩歌之間，巧妙地運用象徵、比喻、擬人、通感等修辭手法，既使詩的內容充滿生機和活力，又使詩的意境得到極大的擴展。《枕上》便是運用此法創作的典範。

《枕上》的意象多是寧靜、和諧的，如「風」「夢」「泥土」「籬園」「曉月」等，詩人透過這些寧靜的意象表現自己安詳而深邃的人生體驗。朱英誕巧妙地駕馭這些意象，使它們呈現出既朦朧又現實的特點。

「風」是中國古典詩詞中的意象，它經常出現在表現鄉情的作品中，如《古詩十九首‧行行重行行》）中「胡馬依北風，越鳥巢南枝」。連動物都會依戀故鄉的風，何況人呢！唐人張籍《秋思》有「洛陽城裏見秋風，欲作家書意萬重」。風是流動的，因而也是自由的、神秘的，人們便有了「暖風」「寒風」「清風」等不同的感受。朱英誕曾寫有《自由的風》和《古城的風》，正如詩人在《古城的風》中所寫的「你就吹吧，吹吧，風啊，／帶著說服的力量，／帶著歡樂的力量。同樣在《枕上》，詩人用「風」來傳達鄉愁的思緒，可謂「不著一字，盡得風流」。同時也達到了「言有盡而意無窮」的效果。

據統計，在詩人的創作中，「夢」這個詞出現的頻率很高。「夢」多是詩人在現實之中不得意，而借夢境抒發對現實的不滿，或在夢境中尋找慰藉。劉肅虛《句》中「歸夢如春水，悠悠繞故鄉」，借夢抒發思鄉之情。夢是遊子思鄉最直接的方式，趙嘏《吳門夢故山》：「心熟家山夢不迷，孤峰寒繞一條溪。」夢回故鄉是何等幸福，以致夢醒後還回味無窮。朱英誕的《枕上》也化用了中國古詩「夢」意象，但詩人又使它與象徵主義的「夢」意象找到了契合之處。夢是非自覺的潛意識心理活動，夢意象是詩人根據自己的情緒，

改造實有的夢或者虛擬一個夢，創造出的恍惚若幻的具象，它既可以保持時空常態，也可以改造時空，使其變形。「夢」在《枕上》出現，既連接了現實和記憶，使詩的意境清淺而深邃，同時也使全詩彌漫了象徵主義的色彩。

林庚在讀了青年朱英誕的詩後說：「他似乎是一個沉默的冥想者，詩中的聯想往往也很曲折。」《枕上》正是詩人在枕上沉默地聯想，在枕上無盡流浪的行走歷程。《枕上》通篇運用虛實相生、時空轉換的手法在現實和夢境中輾轉、思考，給人一種朦朧而又暢快的鄉愁體驗。

朱英誕從枕上寫起，以曉月結尾，化用中國古典詩詞的意境，創造了一幅雋永的鄉愁圖譜。朱英誕熟練地運用「風」「曉月」這些韻味深厚的古典意象，同時借助「夢」，營造出了柔美開闊的意境，創造出了一種人與自然交流的神聖美。真是「人生自是有情癡」，此恨只有風月知！

──選自王澤龍新浪博客

《對月》賞析

謝　瓊

　　自古以來，中國文人心中就有一個月亮情結。張九齡的「海上生明月，天涯共此時」，意境雄渾闊大。蘇軾的名句「明月幾時有，把酒問青天。人有悲歡離合，月有陰晴圓缺」中，月亮的陰晴圓缺更是和人的悲歡情感貼切地融合在一起。在文學史上，總有很多詩人作家對月亮情有獨鍾。在月光世界裏，一切的煩惱鬱悶，一切的歡欣愉快，一切的人世憂患，一切的生離死別，彷彿是被月亮無端地「招惹」出來的。而人們種種縹緲幽約的心境，不但能夠假月爲證，而且能在溫婉宜人的月光世界中得到響應。月在天上行，心亦爲之動，月隨心動，淡淡月光世界反映出詩人的審美境界和哲思意趣。

　　在《對月》中，當詩人面對皎潔的月亮，又會是怎樣的心緒呢。

　　詩中第一句，「從不教我和我自己親密」，讓我想起蒲松齡寫月亮的詩：「十里長亭霜滿天，歲歲青絲愁華年。對月形單影相望，只羨鴛鴦不羨仙。」寂靜的夜晚，詩人一個人走著，望向天邊的一輪月亮，月亮是形單影隻，「我」也是孤身一人，在此番情境的映照下，詩人不免產生些許孤獨感。一個「從不」，有著時間的滄桑感，和內心的不情願，詩人自己與自己的內心總是自然的對話，不需要「教」，而在此番氛圍下，在月亮的「招惹」下，詩人又自然地看進自己的內心。

　　接下來詩人用了兩個比喻來描寫此刻詩人眼中的月亮：「塵封的鏡」和「水中的鏡」。把月亮比作鏡子的詩句古已有之，而且不勝枚舉。如劉禹錫在《望洞庭》中寫道：「湖光秋月兩相和，潭面無風鏡未磨。」現代作家巴金的筆下，也曾寫道：「圓月有如一面明鏡，高懸在藍空」，「寒夜對鏡，只覺冷光撲面。面對涼月，我也有這種感覺」。把遙不可及的「月亮」比作可以觸手可及的「鏡

子」，除了它們們在形狀上、觸覺上的類同外，更多的是它們內在情韻的契合。鏡子，在中西詩學中都是重要的象徵物。在西方，美國新實用主義哲學家理查‧羅蒂在其名著《哲學與自然之鏡》中，把追求確定性的西方現代性哲學比喻爲一面「巨鏡」。這面「巨鏡」追求一種永恒在場，無所不包的洞察、照見一切，就是看見一切，隨之毫無遺漏地把握一切。對於鏡子所隱喻的「看」的現代性哲學範式，法國思想家福柯在對「凝視」背後的權力結構分析中也作了全面的清算。我們知道，卞之琳等「現代派」詩人最重要的西方參照系，是包含法國象徵主義和後期象徵主義等流派的廣義的西方「現代派」。而在中國文化語境中的「鏡子」，更多是指向人內心深處的自我認同，或者「比喻向作者提供作者自我形象的周圍環境」。中國的鏡子，更多的是在「靜」、「空」、「虛」、「玄」的語境中使用，而這也成爲對中國古典詩學追求的隱喻。在思想淵源上，中國的「現代派」繼承了中國的古典詩歌，「主要是晚唐六朝溫庭筠，李商隱一類詩詞」。而「只有在這種比較上，中國古典與西方象徵主義才見出驚人的相似」。而詩人在此對「月亮」、「鏡子」這一組意象的運用，也印證了很多論者的觀點，即朱英誕的詩歌是「古典與現代互涉的美學」。

一面「塵封的鏡」，「江畔何年初見月，江月何年初照人，人生代代無窮已，江月年年望相似」，不管時間如何飛逝，世事如何變化，月亮依然還是當初那個月亮。這面「鏡子」，已經擱置太久，經過了太多的滄桑歲月的洗禮，而在「我」與「月亮」互視的過程中，又何嘗沒有勾起「歷經滄桑，失落最初的自我」的感覺呢。兩相映照下，「我」的心情是複雜的，「窗紗」看似阻斷了你我的視線，但是站在窗前的「我」，卻知曉一切。「又模糊又清晰」，矛盾性的語言，給予我們多重想像的空間，增加了詩的張力。月亮雖被「窗紗」阻隔，有些「模糊」，但是細細看去，月亮的光芒依然清晰可見，不可磨滅。詩人心中的感覺亦是如此，對於內心的自己，詩人是看的朦朧，一片迷茫呢，還是一清二楚。由此可見，在對靈魂深處的身份認同的追尋上，現代派詩人是非常深刻的。

那亮光似乎在與詩人對話，似乎在說「大海的平靜我給了你，我給了你影子」。「我」在心裏卻似乎是在責怪月亮：你只是給了我表面上的平靜，那平靜只是一個影子，一個虛像，就像「水中的鏡」，虛無縹緲。這個世界風雲變幻，詩人心中波濤洶湧才是眞的。內心久久不能平靜，於是走出室內，來到靜靜的湖邊，湖裏有月亮清晰可見的投影，離詩人是那麼近，觸手可及。詩人忍不住

要去「掬取」，雙手渴望捧起水中的月亮，此時，詩人才感覺到自己離「月亮」很近，離自己的內心很近，聽著水從指縫間滑落滴在水面的響聲，是那麼的悅耳，那麼的清脆動聽，彷彿用古琴撥弄出的山水聲，琴聲委婉連綿——有如山泉從幽谷中蜿蜒而來，緩緩流淌，詩人才真正和自己的內心融合，雖然這種融合是虛幻的，是一去不復返的。就像《高山流水》的故事，情感上的共鳴只有一次。「鏡」、「窗紗」、「大海」、「琴中山水」，這一組意象的鋪排，不僅蘊含著豐富的古典韻味，而且空間的立體感十足。詩人移步換景，從面向窗外到湖邊，場景的變化，擴大了詩的寫作空間，增強了詩的場面感。

這樣的氛圍，此刻的心情，總能引起詩人浮想聯翩。於是詩人思維跳躍，他大聲地宣告著自己的渴望，發出內心的呼喚：「渴望秋天的泉石的遊履，渴望秋天的流雲的遊履。」「遊履」，遊歷的步履，秋高氣爽的日子，泉水叮咚，行雲如流水一般，我們能把足跡遍佈這裡，生活該是何等愜意。詩人渴望這樣的生活，同時詩人也知道，經歷了那觸目驚心的十年，這樣的日子終於快要來到了。

「不再說」，往事休提，暗示著過去種種的不順。「十年的山雨或十年的黃昏」，月亮見證了中國的這一段歷史，屈辱的歷史，血淚的歷史。但是不管曾經有多麼慘烈，有多少「山雨」襲來，有多少不幸，世事始終將隨流水，一切終將走向「黃昏」，一切都會終結。就像月亮，無論世事如何變化，它始終幾千年如一日地散發著自己的光芒，永遠快樂地生存。「散發的仙子」是詩人化用了神話裏的人物，偷吃靈藥，渴望長生的嫦娥仙子。她的那種「生的欲望」是值得我們學習的，詩人在說自己歷經歲月磨難，但依然像月亮一樣，永遠保持著對生活的熱情，永遠向前看。

接下來，詩人用了三組意象，來訴說他的期許：「像孩子搖落它的花」，「母親搖落她的夢」，「貓或狗搖落滿身的雨珠」，孩子玩著手中的花，終要長大，告別童年，放下手中的花，繼續成長；已為人母，母親也要放棄她少女時代的美夢，去為了孩子，為一個家去奮鬥；我們也應該向貓狗一樣，把這些年的委屈與磨難就當做淋了一場雨，搖搖身，就能甩掉雨珠，甩掉從前，跟往事乾杯。通過這三組意象，詩人告訴我們要「擺脫我們的生前」，像孩子，母親，貓狗一樣，放開過去，望眼未來，放開俗世的侵擾，釋放自己的心情。這樣的三組意象，把這種深厚的哲理具象化，讓我們能夠理解得更加透徹，道理也更加深入人心。

最後，在這片月光下，詩人化用一個典故「飲馬投錢」：唐代徐堅在其《初學記》卷六引《三輔決錄》中有：「安陵清者有項仲仙，飲馬渭水，每投三錢。」

詩人藉此表達了自己最純真的人生理想，能夠像安陵人項仲仙一樣，為人清廉，潔身自好。而這樣的句式，給人耳目一新的感覺，我們也曾在海子的名詩《面朝大海，春暖花開》看到：「從明天起，做一個幸福的人，餵馬、劈柴，周遊世界。」雖然海子的年代與詩人的年代相去甚遠，但才華曾被隱埋的朱先生的詩，與海子的詩卻在此處暗合。

全詩不著「月亮」一詞，卻句句在說「月亮」，月亮勾起了詩人的心事，詩人的情緒也隨著月亮展露無遺。在詩人與月亮「互看」的過程中，詩情也隨之昇華。細觀詩中的句式，錯落有致，音節和諧。詩人在這首詩中運用一系列意象營造出一個古典的氛圍，讓我們穿越時空，回到詩人身邊，清晰地看著詩人在月下的所感所想，非常有場面感。而且詩人善於把哲理融入到日常生活瑣事中，通過月亮傳達出來：我們要學會「擺脫我們的生前」，像月亮一樣，無論世事如何變化，永遠散發自己的光芒，永遠對生活充滿熱情和希望，永遠向前看。

──選自王澤龍新浪博客

附錄：

對　月

從不教我和我自己親密，
你塵封的鏡，
一片窗紗彷彿是千里啊，
又隱約又清晰。
但是，大海的平靜我給了你，
我給了你影子，你說，
那麼，我掬取你，水中的鏡啊，
像我愛聽的琴中山水。

我渴望秋天的泉石的遊屐

渴望秋天的流雲的遊屐

不再説十年的山雨或十年的黃昏，

但是，你，散髮的仙子，樂於長生？

像孩子搖落它的花，

母親搖落她的夢，

貓或狗搖落滿身的雨珠，

讓我們擺脱我們的生前。

讓我走去，飲馬，投錢。

——選自《對月》（1943 年）

靈魂的寧靜：像白雲掛在風上
——賞析朱英誕的《鄉野》

陳天天

　　初讀朱英誕的《鄉野》一詩，其妙用「不明言」的描述技巧和那些「破碎的詞意」，讓人感到一種「令人氣悶的朦朧」。林庚說，朱英誕是沉默的冥想者，詩中的聯想往往很曲折，有時不易爲人所理解。或許，毋須逐字求解，才能更好從整體上感悟這首詩。

　　從整體感受這首詩，乾淨的語言，寧靜的語境，很好地將讀者帶入這樣一個「鄉野」之中：遠離塵世，天空是高而遠的，風是輕而柔的。靈魂，此刻也彷彿安放於此，寧靜而悠遠。

　　尼采對「靈魂的寧靜」做了很經典的剖析——「可以是一種豐盈的動物性向道德（或宗教）的溫柔發泄。也可以是疲憊的開始，是傍晚、形形色色的傍晚投下的第一道陰影。也可以是空氣濕潤、南風和煦的標記。也可以是不自覺地爲消化而心懷感謝（有時美其名曰『博愛』）。也可以是病癒者的沉靜，他重新品味萬物，心懷期待……也可以是跟隨在我們占支配地位的激情一次強烈滿足之後出現的狀態，一次罕有的飽足的舒適感。也可以是懶惰在虛榮心引誘下披上道德的裝飾。也可以是一種模糊狀態的長期緊張和折磨之後，出現的一種明確的狀態，哪怕是可怕的明確狀態。也可以是行動、創造、勞作、意願之成熟和熟練的表現，是平靜地呼氣，是已經達到的意志的自由……」

　　無論是「溫柔地發泄」與「沉靜地重新品味著萬物，心懷期待」，還是「平靜地呼氣」與「意願的成熟和意志的自由」。在朱英誕這首《鄉野》中，都得到了很好地承載。這也許就是令人感受到「靈魂」之聲的緣由吧。

　　詩歌關注了大地、永恒、苦難、時間，而正是這些元素構成了此在在世的複雜性與本質之所在。朱英誕的這首《鄉野》，正是大地與靈魂，永恒和時間交融。

　　詩的第一節就給我們營造了一種寧靜的氛圍：「屹立不動的駝岡」和「仰臥著的田野」，「屹立不動」，寫出了駝岡的厚重與兀傲；「仰臥著」，寫出了田野的閒暇與寂靜，詩人將山與田野同講，厚重與狂野同行，才會有兀傲與恬靜的結合，詩人說彷彿它們就是那太陽，因為只能被仰望，所以才會有「兀傲」之說。但，這其實更是詩人心懷的表露。

　　接著，詩的第二節，詩人就直接用一句反問，將自己的心懷表露無遺。天壤是包容的，生與死是生命的啟始與歸宿，它們代表著本質與極限的孤獨，唯有天壤可包容，而詩人的躊躇是人類人性中都會有的軟弱，它期許的是被包容。這遼闊的天壤會容下生死與躊躇。天壤的包容，讓詩人的內心有了些許期待，讓詩人此刻找到一種明確的狀態。就像尼采所說的：「一種模糊狀態的長期緊張和折磨之後，出現的一種明確的狀態，哪怕是可怕的明確狀態」，這也會使靈魂得以寧靜。

　　與空間無限遼闊的天壤相對應就是時間。所以，詩人從空間上自然地跳躍到了時間上面。時間本身是乾淨而純粹的，它能淘淨一切，也可以融於你看到的事物中。在這裡，我猜想：或許是被時間過濾過，「松針」才會成「蒼白色」吧。這裡，「松針」就是一個時間的代表。

　　第三節寫鄉野的包容與詩人對此的憐惜與懷念。即使是詩人漫不經心地走過，鄉野也沉默包容，猶如母親的懷抱，是靜溢的溫柔。而詩人視鄉野本身為一個有生命的整體，它有自己的興衰，如朱槿花的盛放和凋零。朱槿，一叢之上，日開數百朵，朝開暮落。詩人借對朱槿的憐惜，表達著一種柔軟的眷念：鄉野的根髓因人心不古、人情漸逝而衰敗，因而它迎來一次盛放，過後卻是零落，詩人便回想自己是否如愛撫、珍惜花瓣一樣，體味著自己曾經的鄉野生活。

　　前面說道山，田野，天空，它們代表的是質樸與曠達。而池水卻是流動又靜溢的，它可以像鏡子照映「我」的影像，詩人說這個「影子」暗淡又好看，「暗淡」是因為影子隨著水的蕩漾而模糊，「好看」是因為在詩人看來，這種模糊卻有著一種朦朧的美。詩人駐足於池邊，俯身凝視，看到的是一個被時間打磨過的身影，比起「陽光」、「燈」和「鏡子」，它們太灼亮而清晰，

一切便無所循行地凝固著，不似水鏡，攪渾了水，打破水鏡，是美是醜，皆可忘。人們常將時間比喻成水，但詩人更願意視它的靈髓爲一尾魚，無論如何都釣不上來，他琢磨不清時間深處的意義。在這裡，詩人巧妙地用「垂釣時間」這一奇特的構思，將自己心裏那份疑惑與惆悵之情表達出來。

若時間的意義是琢磨不定的魚，那情願它在時間的長河中暢遊，不要躍出攪碎了池水，讓「我」的夢從記憶的河流裏曝出，「我」的夢藏了心血，太脆弱，風也需小心翼翼，免得折斷了它的翅膀。最後一節，詩人用了「魚」和「風」這兩個意象。魚能遷徙，且爲沉潛之物，可溝通兩岸三界傳遞信息，是信息使者的化身，就如同時間一樣，不停歇地流逝，偶而會浮出水面，傳遞著時代與變化的信息。而風是什麼？風能使事物顯示自己的面貌，風有時也可以和時間是同義詞，風也能被時間賦予時代的內容。它與陽光相觸，像把陽光觸傷，光片四散。天空如此純淨，她與詩人心中的恬靜重疊，心靈也似融於整個天空，透明清澈，而被「風」吹皺了的恬靜和四散破碎的陽光，就像是破碎的玻璃。在這裡，詩人借助「風」這一意義豐富的意象，表現那個年代的動蕩與不安，表達詩人想在黑暗中追求理想中的光明，想保留住一個寧靜的靈魂。

這首詩寫於 1948 年，新中國成立前，社會動蕩不安，人民長期生活在水深火熱中，作爲一個詩人，對這樣的環境是極其敏感的，對黑暗現實憤怒不滿，但卻無能爲力。對詩人這樣一種矛盾的狀態，徐守忠分析道：如果像一把利劍刺破天幕，卻會招致飛來橫禍，沉默無言吧，則又失去詩人的舌頭。於是一方面用晦澀的語言來表現複雜的心情，另一方面又去追求自我的完善。

如同這首《鄉野》，用最簡單，最純淨的詞語，連成一種晦澀的語言，爲讀者帶來最乾淨的朦朧。靈魂的寧靜，似乎只有用這樣純淨、輕緲的語言才能更有力地去呈現。較強的畫面感，淺嘗輒止的意境，完整的情感在「斷裂的聯想」和「破碎的詞意」中表達出，鄉野的寬厚與寧靜包容了詩人自身的惆悵，容納了詩人的靈魂，得以寧靜，像白雲掛在風上。

——選自王澤龍的新浪博客

附錄：

鄉　野

一上午駝岡屹立不動，
田野也仰臥著；
放佛它們就是那太陽，
又兀傲又恬靜。

這麼遼闊的天壤會容不下
我的生，死和躊躇？
時間這麼乾淨，閒暇，
會撒下蒼白的松葉？

在我無心走過的時候，
你容納我；
你開放了就凋落，像那些朱槿，
是否我曾撫愛？

池水給我的影子又暗淡又好看，
比起陽光，燈和鏡；
但是，時間卻不上釣餌，
雖然我垂釣了許久。

魚母躍出或是曝夢，
風更須小心翼翼，毋令折了毛羽；
如果觸傷了陽光：天空和恬靜，
像把玻璃破裂。

──選自《鹿遇》（1948 年）

學位論文選輯

《朱英誕新詩研究》結語

程繼龍

　　朱英誕三十年代中期躋入中國現代詩壇，先後結識林庚、廢名等中國現代詩歌的殿軍人物，成爲「廢名圈」詩人群中一員，出入於北平現代主義詩人之間。朱英誕創作長達半個世紀之久，留下了豐厚的詩歌、詩學遺產。北平淪陷期即隨後幾年，創作、思考達到高峰狀態。三四十年代的某些時刻，朱英誕曾輝煌過一段時期，他成爲著名詩人林庚、廢名等人的座上賓，在留守的北大講授自己對新詩的見解，詩作、隨筆也不時出現在北平專業的期刊雜誌上，但這種幸運的狀態只是曇花一現，正如他自己所說，他「一生都在等一個說話的機會」。詩人的被接受、傳播與在文學史上的排名，是由多種因素所決定的，但是不管怎樣，他用一生的時間觀察、實驗、和思考新詩，詩歌是他一生的事業，成爲他孤獨的志業。令人感佩的是，他黯淡的身影突入了新詩三四十年代探索的前沿領域，且取得了多方面的成果。

　　雖然在表述形態上相當感性而且隨意，但是他建構起了完整而且極有針對性的新詩觀念。什麼是新詩，新詩別於舊詩的根本區別是什麼，新詩何以成立？這成爲他理論思考的一個出發點。他意識到，新詩成立的根本條件在新詩自身，即具備「永久的普遍」這一品德。他在極高的層面上設想了新詩的內在規定性，也在一定意義上打通了新詩與舊詩的壁壘。爲此，他深入到新詩體驗與表達的具體問題中去，這二者是創作新詩、使新詩得以實現的具體途徑。詩的發生有賴於「詩性體驗」這一特殊的心理認知過程，開發感官、重視知性，以綜合的認知能力重新把握自我和世界。朱英誕意識到表達之於詩歌的重要性，重新體認「修辭立其誠」，認爲新詩人應該認認眞眞地遣詞造句，克服傳統的慣性，以散文寫詩，寫出完全的自由詩，爭取經驗與表達的

雙向豐美。調整新詩形態使之趨於形與質的自由辯證狀態以便與多重文化因素發生密切關聯，是胡適、周作人、廢名等人新詩思考的共同核心問題，朱英誕繼承而且深化了他們的思考。

主題構成詩歌的意義世界。日常、田園和夢幻基本撐起了朱英誕新詩的意義世界。「日常生活」代表了人置身其中的、須臾難離的綿長而瑣屑的存在場所，人的肉體在這一場所中得以存在，也為精神生活提供資源和可能性。在詩性意識的啟示下，朱英誕認識到了日常生活的重要性，試圖建構出日常與詩歌相依、相生的靈活狀態，使詩歌建立在生活的豐厚土壤裏，同時發現日常生活的詩性意味。「田園」既代表了一種行將逝去的農耕生活，又代表了有著濃鬱懷舊氣息的精神原鄉，朱英誕通過精細的抒寫，建構出多層次的田園世界，這一世界包括草木、耕讀、物候、天地等不同等級內的事物，擴大了傳統田園詩的內涵與外延，從內部透露出強烈的現代氣息，呼應了現代文學在多變的現代世界追尋靈魂歸宿的普遍潮流。「夢幻」則代表了更為深層的、隱秘的精神世界的圖景，戀母、思鄉和海天之思成為朱英誕精神世界的三大主題，對英年早逝的母親的回憶和重塑使詩人朱英誕在親情中獲得一種略帶宗教感的慰藉，對早年在津沽鬧市、郊區生活追念和想像使他借助童年片段描繪出一種與此在不同的美好生活，對海天境界的玄想式沉迷又為詩人開放了一片陌生而遙遠的異域風景。以這三者為主骨，朱英誕建構了迷人的意義世界，這個世界是詩意的，唯美而憂傷的，而且高度個人化，與時代現實形成強烈的對照。

意象、語言和結構是構成詩歌本體的基本要素，對這三者的創造和運用蘊含著詩人的技藝。朱英誕創造了豐富多樣的意象，包括日常生活、自然風景和心靈夢幻等幾類，不同類型的意象巧妙穿插融合。在意象的創造上，朱英誕注重與舊詩意象互文，同時融入自我感覺和自我體驗，使他的意象群帶有象徵色彩和晚唐風味。在意象運用上，注重意象間的呼應和關聯。特別值得一提的是，朱英誕詩歌意象注重感官印象和知性思考的作用，一定程度上突破了意境化的傳統，這些都使他的詩歌意象區別於舊詩意象，具有強烈的現代感。新詩與現代漢語之間是相互促動、相互提升的辯證關係，朱英誕正是在對這一歷史處境的體認中介入新詩語言探索的，他看重詩性體驗的重要意義，通過建構內視點的語言、意象化的語言和張力化的句法來實現理想的「詩的文字」，探索中又孳生出另一種可能，詩歌語言的自我指涉。這樣使他

的詩歌語言質地既感性又知性，句法錯落靈活，具有較強的表現力。詩的結構是詩思展開的線索，是詩歌表達形成的範型，新詩的結構比舊詩更加自由靈活，特別是在自由詩中，從較爲穩定而且普遍處著眼，可以發現朱英誕新詩結構有小詩、廊廡式和雲煙式幾種。結構藝術將自由德性最大限度地帶入了新詩內部，也在較深的層面上克服了新詩淺白散漫的不足。

　　朱英誕與中西詩歌有著深厚的淵源。朱英誕領悟了法國象徵主義心物感應的精義，獲得了重新感知世界的方法；掌握了象徵主義暗示的傳達方式，提高了表現力。在「純詩」觀念的啓發下，朱英誕萌生了帶有本體意味的「眞詩」意識。象徵主義塑造了朱英誕最基本的感受方式和表達方式，早期他的詩歌有強烈的象徵主義風格，純粹而統一。歐美現代主義詩歌是影響朱英誕詩藝發展的另一重要譜系，艾略特精深、完美的詩學、詩藝吸引了朱英誕。他幫助朱英誕突破了象徵主義「純詩」抽象、封閉的窘境，培養出感情、知性和感覺協同運作的感受力，這是一種更健全、更強勁的詩性思維能力。在這種思維能力的策動下，朱英誕找到了重新體驗世界和自我的途徑，獲得了包容各種經驗的能力。朱英誕對西方資源的借鑒是一種自覺的拿來，他立足新詩發展的實際處境和自己寫作的實際需要，內化了這些資源。這種寬容而自主的態度，使他得以調整而且提升自己的觀念和技藝，與三四十年代其他現代主義詩人的寫作，形成一種內在的呼應關係。中國古典詩歌傳統是另一脈資源，唐宋詩歌的代表李賀、楊萬里對朱英誕影響至深。李賀的「苦吟」激發朱英誕在體驗方式上向內轉，臻於奇幻幽冥的詩境，在表達方式上更加曲折多變，寫出了理想的「眞詩」，完善了新詩自由詩的形態。楊萬里以「理趣」爲內核的「幽默」詩風幫助朱英誕調整了寫作理路，詩風傾向於深細平易。朱英誕詩藝的形成和變化離不開與中西詩歌的對話，這種對話不僅爲自己的寫作提供了資源，豐富了新詩的形態，而且滋生出一種「大詩」觀念，即在「詩」的意義上，漢語古典詩、白話詩、自由詩、當代詩是可以通約的，這就超越了長期以來過於拘泥的新舊對壘思維。

　　當然，朱英誕的新詩實踐也不是全無問題的，例如，儘管他的新詩觀念新見迭出，但是經常顯得散亂而模糊，有些概念的性質和邊界很猶疑不定，缺乏更細膩準確的闡釋，這常常使人遺憾不已。他最有價值的作品和理論成果都集中在三四十年代，特別是北平淪陷時期及其隨後幾年，1949 年之後的作品顯得平面、拖沓，詩性體驗的強度不夠，結構感、造型感不足，儘管仍

然遠離時代，保持了個人化寫作的姿態，但並沒有在藝術自足性和時代現實感之間取得平衡。朱英誕的一些作品私語化問題嚴重，陷入不可解的境地，這不是晦澀與否的問題，晦澀本是現代詩的題中之義，這關乎一個詩人技藝的完美程度。還有，太過注重詩歌的藝術自足性，安於「爲藝術而藝術」的態度，而不注重著力開發詩歌與歷史、時代、現實的新型聯繫，反倒抑制了新詩的成熟壯大，因爲畢竟純粹的爲藝術而藝術是有其片面性的，應該更好地把握藝術自律性和藝術現實性之關係的度，現實（廣義的）是任何藝術生長的土壤。當然我們是在較高的層面上對一個不同凡俗的詩人求全責備。正視這些不足，可以增進我們對朱英誕和中國新詩的理解。

朱英誕抱定「爲詩而詩」的信念，留下了三千餘首新詩作品及大量的詩論文章，他是一個異類、一個典例。整體估量，他的成就不在林庚、廢名等著名現代主義詩人之下，這是由作品自身的質量、藝術價值和思想價值所決定的，然而多年來他一直隱而不發，處於被遮蔽的昏暗地帶裏，他數以千計的詩歌、隨筆、札記手稿正在整理出版中，隨著發掘、研究工作的進展，相信一定會有更多的詩歌讀者、專業研究家知道朱英誕其人其詩。重新發現這樣一位孤獨而卓越的現代詩人，界定、描述他的價值和魅力，找到他在新詩史上應有的位置，可以拓深人們對新詩的認識。

——節選自程繼龍博士學位論文《朱英誕新詩研究》

朱英誕詩藝初探(1935～1945)

馬正鋒

中國現代詩人朱英誕勤於詩歌創作和詩論探討，不過因爲種種原因，他的詩名並不顯赫。本文著重考察了朱英誕 1935 年至 1945 年的詩歌創作，對其詩學淵源、詩歌風格以及詩歌重要意象進行了較爲詳細的研究。20 世紀三四十年代是中國新詩逐漸走向成熟的時期，主流詩壇對於「傳統」和「現代」已經有了較多的思考。本文希冀通過研究朱英誕 1935 至 1945 年的詩歌創作，展示一名普通詩人在時代社會迅速變遷，詩學審美收到多重因素影響下的創作選擇。

本文框架如下：導論介紹了朱英誕詩歌創作生涯的大致情形，分析了朱英誕詩名埋沒的原因，並簡要交代了本文寫作思路以及史料運用等相關情況；第二章梳理了朱英誕的詩歌淵源，較爲全面地展示了朱英誕個人文學基因的構成；第二章通過文本的比較，展示朱英誕的詩藝特點：作爲同樣重視古典資源的現代詩人，朱英誕的詩歌被稱爲新詩中的「南宋詞」，從而與偏向「晚唐詩風」的林庚、卞之琳等人有所不同；朱英誕尊崇宋詩，並在宋詩中找到了與西方現代主義詩歌相似的部分。在具體論述時，筆者致力於探究朱英誕詩歌中如何兼顧古典傳統和現代詩學的融合過程。第三章是對朱英誕詩歌意象的研究，文本分析將描摹出詩人細膩的筆觸和情感，詩人創作技巧也將在文本分析中得到體現；結語是對朱英誕詩歌文學史地位的簡要評價。

關鍵詞：朱英誕 新詩 古典傳統 西方現代

——節選自馬正鋒的碩士學位論文《朱英誕詩藝初探（1935～1945）》

《廢名與朱英誕 20 世紀三四十年代詩歌藝術比較》摘要

馬雪潔

作爲在新詩道路上跋涉的同路人，廢名與朱英誕在新詩理論與新詩創作上都有較大的相似性，更有各自突出的藝術個性。本文試從詩歌語言、詩歌意象以及詩歌審美趣味三個層面對廢名與朱英誕在二十世紀三、四十年代的新詩創作進行比較研究，探討其各自的藝術得失，爲中國當代漢語詩歌的發展提供可以參考的經驗與教訓。

第一部分：從詞彙組合與句法特點兩個方面探討廢名與朱英誕新詩語言特點。兩位詩人都採取了詞彙組合的超常搭配，給詩歌帶來巨大張力。廢名的散文化句式自然古樸，卻又顯得冗贅不夠洗練；朱英誕的口語化句式平實簡練，爲新詩口語化提供了借鑒。

第二部分：從意象系統的選擇、「夢」意象的內涵以及意象組合三個方面探討廢名與朱英誕新詩的意象特色。同樣接受東方古典哲學影響，但受到禪宗哲學影響的廢名選擇了禪宗意象爲主的意象系統與並置的意象組合方式，使得詩歌跳脫、空靈、晦澀；朱英誕選擇了偏於古典雅韻的自然意象與「樹」狀意象組合方式，詩歌平易、典雅，但缺少現代性的創化。

第三部分：從審美趣味的取向與呈現出的詩美效果出發，闡述廢名與朱英誕新詩的審美趣味。兩位詩人都傾向於以自我的冥想觀照外在世界與內在世界。廢名創造了現代詩歌史中獨特的禪趣詩，詩歌呈現出空濛之美。朱英誕則在知趣化詩潮中獨闢蹊徑將知趣與具象的表現巧妙契合，呈現出平淡之美。

——節選自馬雪潔碩士學位論文《廢名與朱英誕 20 世紀三四十年代詩歌藝術比較》

《朱英誕新詩理論研究》摘要

倪貝貝

　　本文著眼於朱英誕對新詩本質特徵和形式要求這兩個關鍵問題的界定，從本質論、形式論和詩學淵源三個角度來展開對朱英誕詩論的闡釋及意義的探尋。通過對詩人基本理論主張的整體梳理和把握，進一步探究中國詩學傳統和西方現代詩學對其理論促成的影響及其詩歌追求的精神內核。

　　對朱英誕新詩理論的探討從以下三個方面展開：

　　第一章，「本質論：精思獨造的『眞詩』」。朱英誕將新詩定義爲自由詩與眞詩的融合。具體而言，新詩表現的內容是廣闊的，它涵蓋了詩人過去至將來的種種情緒體驗。新詩宜於表現詩人眞切自然的個性化情感。好的新詩能將新鮮的詩情和理性思索巧妙融合，在個性化的審美體驗中蘊含深刻的哲思。新詩可分爲「純詩」與「雜詩」。「純」主張詩要爲吟詠性情而作，「雜」要求新詩將一切社會生活納入創作之中。二者的結合構成了朱英誕對詩境構建的要求。

　　第二章，「形式論：『詩者，語言文字的暗香』」。朱英誕在新詩形式上的總體要求是：以無韻律的現代散文文體，用白話口語的形式寫清新、自由的詩。新詩在形式上要揚棄舊詩的格律和文言句式，以無韻的現代散文形式來寫，以此確立自身的身份意識標準。根據新詩「平常」及「生新」的文辭特徵，可將語體風格分爲明白與晦澀兩類。在朱英誕看來，新詩因其獨特的詩情而產生一種「詩情的音樂性」。但音樂性的重點在「性」而不在「音樂」上，故新詩應明確摒棄歌謠化的傾向，在語言形式變革上具有勇於包容和創新的態度。

　　第三章，「詩學淵源：『最後的古今中外派』」。本章著重探討古今重要的思想因素對朱英誕的潛在影響。從本土來看，陶莊哲學與釋道傳統思想潛移默化地造就了詩人甘於淡泊的人生哲學，和「廢名圈」詩人的交流促進了朱英誕新詩內容與形式、自由與韻律、傳統與現代等關鍵理論主張的形成。從中西對接而言，朱英誕將晚唐詩派的晦澀風格和宋代理性思維跟西方艾略特、泰戈爾等人的理論結合起來，從不同側面對古典詩歌和西方現代詩歌展開吸收借鑒，融會貫通成為其詩學理論的構建基石。

　　　　　　　　　　──節選自倪貝貝碩士學位論文《朱英誕新詩理論研究》

《論朱英誕詩歌的意象藝術》摘要

羅燕玲

　　朱英誕是二十世紀三十年代的一名現代派詩人，師從林庚與廢名，並深受二者賞識。他曾以林庚作序的《無題之秋》在三十年代的北方詩壇嶄露頭角，之後更活躍於四十年代淪陷區的文壇，與吳興華、南星、沈寶基等人齊名。朱英誕可謂新詩最執著的創作者，終其一生，共創作了三千多首詩歌。其詩歌意象豐富，且善於通過意象傳達詩情詩趣，形成了獨具特色的意象藝術。本書在細讀詩歌文本的基礎上，試從意象類型、意象詩思及意象詩趣等層面對其詩歌意象進行較深入的探討，以期更好地把握其詩歌的審美特質。

　　首先，考察朱英誕詩歌意象的主要類型，進而探討其詩歌意象所形成的獨特意境。文章將其詩歌意象分為兩大類：一類是植根於現實的自然季候類意象，如田園、花鳥、晨曦、星光等，傳達出一種靜穆和諧之美；另一類則是沉潛於冥想的夢幻虛化型意象，如夢、夜、鏡、燈等，表現為一種怪麗幽思之美。這兩類意象交替呈現，使朱英誕詩歌形成一種虛實相生，朦朧和靜的獨特意境。

　　其次，從傳統與現代兩個維度分析其詩歌意象的詩思特徵。朱英誕詩歌既有對傳統詩歌意象思維的傳承，又有對現代詩歌意象思維的借鑒，表現出傳統與現代互涉的詩思特徵。文章將從傳統與現代的角度延伸，進一步思考朱英誕詩歌對傳統與現代關係所傳達出的不同於既定觀念的獨特闡釋。

　　再次，探求朱英誕通過詩歌意象所表達的詩情詩趣。文章主要從生活情思與道禪旨趣兩個方面進行探討，認為朱英誕詩歌中對生活與自然意象的抒寫，凝聚著詩人熱愛現實生活的素樸情懷，而對夢、鏡、燈等莊禪意象的抒寫，則傳達了詩人潛心佛理道學的禪悅旨趣。生活情思與道禪旨趣渾融交織，共同構成朱英誕詩歌的審美旨趣。

　　最後，在總結朱英誕詩歌意象藝術的基礎上，探究朱英誕詩歌的文學史意義，進一步展望朱英誕詩歌研究的前景。

　　　　　　　　——節選自羅燕玲碩士學位論文《論朱英誕詩歌的意象藝術》

《朱英誕舊體詩研究》摘要

伍嬌麗

朱英誕，作爲一個文學史鮮有提及的詩人，其作品大多處於手稿狀態，研究朱英誕的文章可謂鳳毛麟角。朱英誕的舊體詩幾乎沒有公開發表過，這一領域的研究至今仍是空白狀態。本文從四個部分入手，分別論述朱英誕舊體詩的題材特色、文化心理、形式特徵以及審美風格。

朱詩在題材上呈現日常化、個人化、自然化的特點。詩人善於從日常生活和自然景物中取材，甚少涉及宏大時代題材，多爲關注個人內心世界，充滿著一種民間情趣的靜謐豐腴之美。

在文化心理方面，其舊體詩體現出新與舊、傳統與現代的雙重特色，我們將朱英誕稱爲「東方古中國黃河流域文明的現代人」也不爲過。傳統文人心理主要表現在道家之「隱逸情懷」、佛家之「平常心是道」兩個方面；同時又呈現出現代知識分子的個性和主觀意志，整體上體現爲佛道思想與現代思緒的某種融會貫通，得以成就了詩人自適恣意、疏朗豁然的人生態度。

意象、聲韻、疊字是朱英誕舊體詩形式上的主要特徵。朱詩中的意象主要包括實體性意象／抽象性意象、母題性意象／現實性意象兩組對立意象。他辯證地對待聲韻，秉持寬容和通達的態度，在平仄、押韻以及對仗方面既有繼承和借鑒，又不因襲舊章。疊字則注重「三美」——音樂美、繪畫美、建築美的建構。總之，詩人作舊詩時既遵循古典詩歌的範式，又不僅僅滿足於傳統的老路子，在「舊形式的誘惑」下加入了自我的創化和革新。

在審美風格上表現爲平淡與澀味、閒適與感傷的交融，這也是朱詩的整體基調，是朱英誕舊體詩所特有的風格印記。

——選自伍嬌麗碩士學位論文《朱英誕舊體詩研究》

綜述轉載

朱英誕新詩研究的回顧與反思

程繼龍

　　朱英誕可能是現代新詩史上創作量最大的詩人，作品質地優異，整體藝術水平上乘，他參與、呼應了新詩象徵主義、重審傳統、智性化等深刻變革，在現代性和藝術性兩個維度上均有典型意義。這樣一個創作橫跨幾個時代，而且蘊含豐富的詩人，正越來越受到文學史家和研究者的關注。朱英誕遺作正在陸續發掘、出版中。一批資深學者，如陳子善、吳曉東、王澤龍、張桃洲、陳均，青年學者及詩評家都不同程度地涉足朱英誕新詩的研究、推介和評論，關注點主要集中在考辨朱英誕的文壇行蹤、生平事蹟，梳理他和同代詩人間的關係，描述他的詩藝經驗，闡釋他的詩學觀念，衡量他的詩歌史地位和價值等多個方面。回顧十多年來朱英誕新詩研究狀況，反思研究得失，有利於體認朱英誕詩歌的價值，也有利於深化拓展中國現代新詩研究。

（一）從流派譜系出發進行的研究

　　「譜系」的好處在於能將事物放在與其相關的關係網絡中進行多角度地考察，追溯其起源、演變、中斷和再生的過程，同時提供觀察事物的視域和價值坐標，從而避免就事論事或者將事物抽象化、孤立化。從這一路徑切入研究朱英誕新詩，做得最好的是陳均，《廢名圈、晚唐詩及另類現代性：從朱英誕談中國新詩中的「傳統與現代」》〔註1〕一文具有典範意義。陳均在「將『朱英誕』納入到 20 世紀文學史」、回應「一系列時常纏繞和討論的話題」

〔註1〕陳均，《廢名圈、晚唐詩及另類現代性：從朱英誕談中國新詩中的「傳統與現代」》，《新詩評論》，2007 年第 2 輯。

的考慮中，探討了「朱英誕現象」、「三四十年代的北平詩壇」、「晚唐詩」、「現代性」這些重要話題。他首先界定了「廢名圈」這一概念：「廢名及受其影響之詩人構成的圈子或派別」。陳均別具慧眼地發現了朱英誕關於「廢名圈」的說法，認可朱英誕的見解，「這一章講到新詩的一個偏僻派別，或即可以稱爲廢名及其 Circle」，並特別指出其「靈魂接引」上的傳統性，但不是抱殘守缺〔註2〕。朱英誕在這一題目下不同程度涉及的詩人有周作人、廢名、陳鶴西和沈啓無，對沈啓無著墨最多。在文中陳均認爲，「廢名圈」詩人除了陳鶴西和沈啓無外，還包括「朱英誕、黃雨及一批受廢名、朱英誕影響的青年詩人」，還關涉到林庚、南星、沈寶基、李景慈、李道靜等人。「廢名圈」形成於 30 年代，活躍在 40 年代淪陷區。陳均接下來引用大量一手材料，史論結合論證了「廢名圈」：圈內同仁的密切交往形成了寫詩、讀詩、論詩的良好氛圍；同仁間圍繞對新詩的構想討論「內容與形式」、「自由與韻律」、「傳統與現代」等，這些「生產」出的觀念，最終借廢名《談新詩》得以具體表述；「晚唐詩熱」之所以符合了「廢名圈」融通古今以求現代的立場，其深層原因在於落實了廢名等對新詩內容或者說「質」的特別倚重；由「吳興華現象」、「朱英誕現象」牽扯起來的「另類現代性」並非另類，而是三四十年代北平新詩語境中一種普遍的追求。這一研究的獨到之處在於，落腳點最終落在新詩的「現代性」品質的探尋上，這是關涉新詩「何以新」而且「何以詩」的重要命題，陳均看到了廢名一派的「現代性」另類在「古典性」上，即超越觀念層面上的新舊二元對立，借助「晚唐詩」中的某些因素提升和推進新詩實質（情思、體驗）的純度和強度。

　　將朱英誕重新嵌入到歷史現場中去，借助某一語境、背景來論述，具有分類、命名和賦義的作用，這本身就是作家研究的常規路徑，陳均以新的話語和方法做了這一工作，得到其他研究者的認可和呼應。陳子善認爲陳均對「廢名圈」的命名「對深入研究廢名和尚未引起我們足夠重視的這個北京現代文學文人圈都頗具啓發」〔註3〕。眉睫在考證朱英誕文壇行跡的文章裏沿用了「廢名圈」的命名〔註4〕。陳芝國在其博士學位論文《抗戰時期北京詩人研

〔註 2〕陳均，《朱英誕瑣記》，《新文學史料》，2007 年第 4 期。
〔註 3〕參見陳子善爲眉睫《新文學史料探微》所作序。眉睫，《現代文學史料探微》，上海：上海遠東出版社，2009 年版，第 2 頁。
〔註 4〕眉睫，《今人誰識朱英誕》，《現代文學史料探微》，上海：上海遠東出版社，2009 年版，第 40 頁。

究》第六章論述「『廢名圈』的吟哦」〔註5〕，認同陳均的命名，其中主要以南星和朱英誕爲例展開論述，陳芝國認爲南星是「現代田園詩的奠基者」，文中強調了「廢名圈」大多詩人傾向於晦澀一路，相互對照凸顯了南星詩歌語言的「明白曉暢」，然後再論述朱英誕，這樣就有意識地區分了「廢名圈」同仁之間詩歌、詩學的差異性。同時，陳芝國是在「古典與現代互涉的美學」視角下展開論述的，他用「後期京派作風」的觀點修補了陳均的命名，認爲朱英誕在走向新詩創作之初，就在大力學習借鑒英美浪漫派與現代派，同時意識到中國古典詩歌的價值，由此發現了「古典詩歌與現代詩歌相互指涉的可能性」，這種互涉主要體現在詩歌表現上，包括「情景的刻畫」、「意象、隱喻和聯想」和表現「個人生活經驗與生命體驗的呈現」對南宋詞的借鑒上，而且這種美學立場離不開西方現代主義詩歌觀念的激發。在後來發表的同名文章中〔註6〕，陳芝國基本復述了這一觀點，但是用「淪陷區文學」的視角淡化了「廢名圈」的視角。

「廢名圈」的命名爲朱英誕新詩研究打開了一個有效空間，由此深入進去，可以串聯起一大片新詩人、新詩文本，進而在廣泛的聯繫比較中認識朱英誕新詩的藝術價值和文學史價值。然而陳均、陳芝國等學者的研究，還有一些遺憾的地方。例如，對「廢名圈」結構的描繪還不夠清晰，對其成員的確定還顯得有些猶疑不定，主要成員在這一圈子流派中的價值和地位還有待進一步辨析；對「廢名圈」整體詩學和詩藝路向的描述還顯得微弱，尚待更有說服力的闡述；這一群體究竟如何在古典與現代的互涉中求得新詩自立的根據，也往往說得較爲模糊。「廢名圈」這一視角的設定，應該能更清晰地映照出朱英誕新詩的獨特性，但實際研究中朱英誕新詩的獨特性反倒經常被湮沒。

另一個「譜系」式的研究路徑，是將朱英誕放在「淪陷區詩歌」的場域中來論述。這方面研究較早的是吳曉東。在 1994 年給《中國淪陷區詩歌大系・詩歌卷》撰寫的導言中〔註7〕，吳曉東認爲「淪陷區詩歌」主要由大眾化詩歌、

〔註5〕陳芝國，《抗戰時期北京詩人研究》，首都師範大學博士學位論文，2008 年 5
月。

〔註6〕陳芝國，《朱英誕詩歌：古典與現代互涉的美學》，《江漢大學學報》（人文科
學版），2010 年第 1 期。

〔註7〕吳曉東，《中國淪陷區文學大系》詩歌卷導言，南寧：廣西教育出版社，1998
年版。

寫實化詩歌和現代派詩歌三大板塊構成。淪陷區「現代派」詩群是與戰前以戴望舒為領袖的「現代派」易混淆但實際存在的新詩力量，以戰前即有詩名的南星、路易士、朱英誕以及戰後崛起的黃雨、劉榮恩、沈寶基等青年詩人為代表。在寫法上這一脈「重含蓄，重意境，重烘託，輕描淡寫」；在題材上重個人，「以靈魂為出發點」，追索到生命的更幽深的存在；在姿態上多「沉重的獨語」，蒼涼、淒清，向內心城池退縮，流露著濃重的沉思意味。朱英誕在這一詩群中具有代表性，他「善感」，情感真誠，感受細膩，詩意多發生於「身邊的瑣事和一己的悲歡」，抒寫往往注重詩境的構築，有濃厚的古典趣味。並以 1943 年發表在《中國文藝》上的《歸》舉例論證。吳曉東歸納「淪陷區詩歌」有兩個特點：長詩和校園詩歌的勃興。時代的風雨下，校園相對保持了平靜的氛圍，所以有可能進行廣泛的詩藝學習和實踐。淪陷區北京校園裏兩個著名的詩人一為朱英誕，一為吳興華。朱英誕的普泛性意義在於他抱定了「詩是精神生活，把真實生活變化為更真實的生活」的觀念。朱英誕的創作具有強烈的「田園風味」，在這種想像性的自我生活建構中，他渴望著自然和人性的真意，這樣的寫作「是一種對詩歌風格化的追求，更是一種生活態度」。在後來的《中國新詩總系》第三卷導言中〔註 8〕，吳曉東承續了這裡的論述，不過擴大了論述的範圍，這樣無形中使得朱英誕在第三個十年詩歌中的地位顯得更重要了一些。

　　張桃洲也涉足這一領域，他認為，「1940 年代，置身於歷史和文化夾縫中的淪陷區詩人們，似乎找到了中國古典詩學與西方現代主義詩藝的契合之處」〔註9〕。相對而言，張桃洲更看重淪陷區詩人們所堅持的這「第三條道路」所蘊含的「現代」旨趣，他們的共同特點是：「通過向內心開掘，以低沉的充滿哲思的『吟哦』和『沉重的獨語』，展示現代人在嚴酷年代裏所感受到的迷惑與孤苦，他們詩歌的諸多主題與西方『現代派』詩有很多相通之處。」這些詩人實際上是結合自己的體驗，參考中國古典詩歌的資源走向了西方現代詩歌所表達的經驗。朱英誕是這一「譜系」中「晚唐詩歌與象徵詩學」的主要實踐者，《無題之秋》和《小園集》體現了 1930 年代現代派詩歌的「晚唐詩風」，柔和的語氣、朦朧的色調、跳躍的意象，都是其顯著特點。1940 年代朱

〔註 8〕 吳曉東，《中國新詩總系》第 3 卷導言，北京：人民文學出版社，2010 年版。
〔註 9〕 張桃洲，《古典與現代之辨：新詩的第三條道路：以 1940 年代淪陷區詩人為中心》，《社會科學研究》，2010 年第 11 期。

英誕在原有詩風中增多了冥想成分。可貴的是，在歷時性的論述中，張桃洲注意到了朱英誕詩風的演變，特別說明朱英誕和林庚在詩學、詩藝上的交互關係、總結朱英誕「試圖找到一種融會古今、涵納天地萬物之『自然』的詩歌寫作形式」。

　　「淪陷區詩歌」視角有助於把朱英誕還原到時代的大背景中來考察，一定程度上回歸了「知人論世」的批評傳統，特別能解釋何以朱英誕的寫作表面上呈現出「田園風味」和「幻想氣質」而深層難掩焦慮和憂鬱，正如錢理群對淪陷區作家寫作的基本判斷，他們在嚴酷的生存中，在「言與不言」的兩難處境中，借助日常化和個人化的抒寫，不僅爭取基本的生存，還在維繫著精神的生命，甚至思考人性、人類這些略帶形而上色彩的大命題，進行著「精神火炬」的傳遞〔註10〕。可惜的是，吳曉東和張桃洲對朱英誕個案式的論述對此雖有闡發，但揭示得還不夠深刻。戰亂時代，朱英誕這類詩人孤獨而落寞、迂迴卻不屈的吟哦如何既使詩人個人自我免於潰敗破滅，又以更為委曲多變的面貌傳承了中國詩歌「風雅」的香火，進而昭示出詩歌發生學、社會學和倫理學的多重意味，這些都非常值得挖掘。再有，還須進一步釐清「廢名圈」與「京派文人」、「淪陷區北京詩壇」以及「晚唐詩」、「現代派」之間的關係，避免概念的重疊和相互掣肘。

（二）對朱英誕新詩詩藝的研究

　　詩藝，泛指詩人所秉持的某些具有詩學方法論意味的技藝、技巧，既包括語言、意象、形式等本體層面的因素，也包括詩歌發生層面的因素，例如「詩人——作品——世界」這一動態過程中詩人由借鑒或自創得來的處理詩意經驗，形成文本的特殊心理機制、寫作習慣等。詩藝是研究一個詩人所不可缺少的研究內容。

　　首先是對朱英誕詩藝階段性變化的描述。陳萃芬在《朱英誕的生平與創作（1913～1983）》中〔註11〕，介紹中學時期朱英誕喜讀外國詩進而開始寫詩，結識林庚、廢名後多寫自由詩、接近現代派，解放後幾年寫了許多思想清新、熱情飽滿的詩歌，這對劃分朱英誕新詩創作歷程有借鑒意義。彭金山、劉振

〔註10〕錢理群，《中國淪陷區文學大系》總序，南寧：廣西教育出版社，1998年版，第1頁。
〔註11〕陳萃芬，《朱英誕的生平與創作（1913～1983）》，《詩評人》，總第9期。

華的《「美麗的沉默」與時代的錯位──論現代詩人朱英誕的詩歌藝術成就》一文〔註12〕，以《冬葉冬花集》爲藍本，對朱英誕的「審美走向」做了劃分：1932～1937 年，孤獨創作的象徵主義階段；1938～1948 年，象徵主義大於現實主義；1949～1965 年，愛國詩人、現實主義大於象徵主義；1966～1976 年，象徵的手法、現實的內容；1977～1983 年，徹底的現實主義。研究詩人的創作歷程及其演變，能將視野放大，通觀其前後期的作品，且結合時代背景作出界說，這是研究的一個亮點，另一個亮點是較早看到朱英誕創作中持續的「象徵主義」色彩。法國象徵主義對朱英誕的影響是一個隱而不發的事實，朱英誕三四十年代作品情調的朦朧婉轉，對事物光影聲色的敏感和內傾的哲思化，都體現出象徵主義趣味，可以說法國象徵主義對朱英誕寫作道路有塑造和促成的作用。這一概括很有詩學價值，但是，研究也有很多值得商榷的地方。例如，五個階段的劃分完全襲取了林庚編選《冬葉冬花集》的體例，書中林庚做了相同的五輯，這種編排也並非全無問題，第四階段和第五階段分開似無必要，儘管「文革」是一個大事件，但朱英誕一向潛隱寫作，他在這一階段的寫作大致呈現清新、淺顯的傾向，且一直保持到了逝世前不久，可以說「文革」對他的寫作影響頗小，在詩藝上尚找不到劃分開來的依據。再有，朱英誕的寫作不見得有「現實主義」的特色，且論文在具體闡述時也沒有對現實主義作出界定，「現實主義」是指西方意義上批判現實主義的「現實」呢，還是當代文學「十七年」意義上的現實主義，抑或是具體寫作中對日常、個人的觀照？具體的分析也不夠清晰。而且，朱英誕寫作歷程也不簡單是「象徵主義」和「現實主義」的交替推進。

　　對詩歌審美取向的研究。這裡「取向」指詩人創作中由於對一定體裁、寫法、風格的偏好而使作品整體呈現出一定的審美趣味。不少研究者試圖歸納朱英誕新詩的審美取向，例如廢名說朱英誕的新詩「是六朝晚唐詩在新詩裏的復活」〔註13〕，朱英誕作爲詩人的「善感」、「修辭之誠」，思想的眞誠和表達的巧妙〔註14〕，這些印象式的評論即是著眼於「取向、趣味」的。陳茜

〔註12〕 彭金山、劉振華，《「美麗的沉默」與時代的錯位：論現代詩人朱英誕的詩歌藝術成就》，《中國現代文學研究叢刊》，2009 年第 2 期。

〔註13〕 廢名，《〈小園集〉序》，朱英誕，《冬葉冬花集》，北京：文津出版社，1994年版，第 4 頁。

〔註14〕 廢名、朱英誕，《新詩講稿》，北京：北京大學出版社，2008 年版，第 350～356 頁。

的《渾圓與清淺——廢名與朱英誕新詩比較》〔註15〕，在與廢名詩藝的比較
中，論證「朱英誕的詩歌多取法古詩，畫面感較強，在聯想中注重情感表達
的完整性」，朱英誕比廢名更具象化、靜態化，朱英誕的總體特徵是「清淺」。
陳茜的比較概括很有啓發性，敏感地抓住了朱英誕詩藝取向上的獨特之處，
例如說朱英誕沒有像廢名那樣偏重禪學概念的衍化而注重畫面感，表達時側
重於感覺邏輯的完整和語言的表現力。矛盾的是，用「清淺」一詞顯然難以
概括朱英誕詩歌的取向和呈現的審美效果，固然朱英誕有些作品的確淺嘗輒
止或者點到即止，但「晦澀」同樣是他詩歌的一個顯著特點，他可以說是現
代派詩人中最爲晦澀者之一，只不過他的晦澀與廢名的晦澀有一定差異。馬
雪潔的碩士學位論文《廢名與朱英誕 20 世紀三四十年代詩歌藝術比較》〔註
16〕，也論及朱英誕的詩藝取向。和廢名的「現代禪趣」中呈現的「清遠的空
濛美」有別，朱英誕在「親切的知趣」中呈現出「自然的平淡美」，「親切的
知趣」強調「知性」，從感性中昇華出「智慧」，讓詩成爲「肉體感覺與形而
上的玄思的完美結合」，避免浪漫主義的感情宣泄。在實際創作中，朱英誕調
和了情與智的衝突，並沒有過度壓抑情感而導致詩意的偏枯。這一概括，參
照了現代派「主智論」的某些觀點，但實際論述上還稍顯薄弱，對當時新詩
「主智」大潮下，朱英誕「主智」所顯示出來的獨特性缺乏概括。「自然的平
淡美」表現爲「深刻的沉思與天眞的結合呈現出來的一種平淡寧靜之感」，包
括語言表現的天工渾成和詩思的自然流露，避免刻意的通俗或故意的深刻。
這一認識是獨具慧眼的，很有詩學的辯證性，符合朱英誕創作的一貫追求。
評論家向明評價朱英誕詩藝上「用語奇特，比喻不凡，詩思飄忽」、多留白、
多轉折等特點〔註17〕。詩人蔡慶生從閱讀的實際感受出發，評論朱英誕的詩
「不名言」、「深入淺出」，在含蓄有度的抒寫中增強了象徵的張力〔註18〕，確
爲本色的點評。徐守忠在朱英誕的詩中讀出了「超現實主義」的感覺〔註19〕，

〔註15〕陳茜，《渾圓與清淺：廢名與朱英誕新詩比較》，《長沙理工大學學報》（社科
　　　　版），2011 年第 3 期。
〔註16〕馬雪潔，《廢名與朱英誕 20 世紀三四十年代詩歌藝術比較》，華中師範大學碩
　　　　士學位論文，2013 年 5 月。
〔註17〕向明，《重見淹沒的輝煌：發現朱英誕和他的〈冬葉冬花集〉》，《詩評人》總
　　　　第 9 期。
〔註18〕蔡慶生，《妙在不名言》，《詩評人》總第 9 期。
〔註19〕徐守忠，《朱英誕先生的詩》，《詩評人》總第 9 期。

靈光一閃，堪稱慧心的知見。這幾篇評論從閱讀感受出發，精準地歸納出了朱英誕詩藝的某些方面，爲深度研究提供了基礎。

對新詩語言的研究。在朱英誕新詩研究中，語言問題一再被提及，但大多都是隻言片語的提及，研究者似乎一時尚難找到界說、闡釋朱英誕詩歌語言的話語和理論體系。馬雪潔在這一方面做了嘗試，其碩士學位論文第一章爲「廢名、朱英誕新詩語言比較」，從詞彙組合與句法特點兩方面探討了廢名和朱英誕新詩的語言特點，認爲他們都採取了詞彙組合的超常搭配，給詩歌帶來了巨大張力。朱英誕的口語化句式更爲平實簡練，從而爲新詩口語化提供了借鑒。在論述中，她聯繫新詩發展與現代漢語之間相互依靠、相互提升的歷史關係，意識到詞彙搭配和句法構成與現代詩性思維的同構關係。在較爲廣闊的視野中總結出，語言運用中抽象詞與具象詞的相互嵌合使朱英誕的詩歌具備了新奇、陌生化的效果；正視口語資源，自覺地將其提煉與純化而使作品呈現出凝練簡潔、韻味悠長的效果。馬雪潔的研究雖然顯得淺顯，但顯示出銳意創新的勇氣，且概括精準，具有啓發意義。

對意象的研究。意象是中國古典詩歌的一個本體性因素，經過現代轉化和創造，重新在新詩中發揮重要作用，特別是在三四十年代的現代派詩歌中，因而從意象著眼進行研究，不失爲一條正途。彭金山、劉振華認爲朱英誕「在詩的核心層面上營造詩的意象世界」，從而達到「意境的超驗層面」，把「對內心世界的精微觀照常常以凝練形象的語言和精短優美的形式表達出來」[註20]。陳茜《渾圓與清淺》一文論及朱英誕新詩意象選擇和內蘊上的特點[註21]。羅燕玲的碩士學位論文《論朱英誕詩歌的意象藝術》對朱英誕新詩意象做了深入的研究[註22]。她認爲「朱英誕詩歌意象豐富，且善於通過意象傳達詩情詩趣，形成了獨具特色的意象藝術」。她主要考察了朱英誕新詩意象的類型、營造意象的詩思特徵和意象所表達的情趣。兩大類意象，自然季候意象和夢幻冥思意象，構成了虛實相生、朦朧靜謐的意境；朱英誕從傳統和現代兩個維度借鑒資源，突破「新」「舊」的藩籬，舊意象注入新生命，新意象

〔註20〕彭金山、劉振華，《「美麗的沉默」與時代的錯位：論現代詩人朱英誕的詩歌藝術成就》，《中國現代文學研究叢刊》，2009 年第 2 期。
〔註21〕陳茜，《渾圓與清淺：廢名與朱英誕新詩比較》，《長沙理工大學學報》（社科版），2011 年第 3 期。
〔註22〕羅燕玲，《論朱英誕詩歌的意象藝術》，華中師範大學碩士學位論文，2013 年5 月。

導入舊傳統，在「詩」的層面上博采眾長、多方經營；朱英誕新詩意象包蘊著「生活情思和道禪趣味」。論文雖然在學理思辨上還有待加強，但是體例清晰，解讀細膩。

另外，特別值得一提的是文本解讀。眞正優秀的文本解讀，是披沙瀝金選出含金量高的文本，融合印象式批評和文本細讀之所長，讀解文本多層次的意蘊。在一些研究中，能看到具備這些特色的文本解讀。例如陳芝國對《雪之前後》的解讀，適當汲取廢名對該詩的點評，結合文本字句、注入自己的體驗和感覺，細緻入微地解讀出了「雪之前後」這一情境中的「詩意」〔註23〕。陳茜發現了《西沽春晨》這一首好詩，看中抒寫中的「物化」視角、借用古文語法的特色，並創造性地將其改寫成現代白話詩和五言古詩，凸顯了這首詩的特點和價值，也顯示出了解讀者的才情和創意〔註24〕。吳曉東以精深的理論修養和優美的詩性語言，從現代詩人「自我」主體的缺場和找尋的主題入手，細緻分析了《鏡曉》一詩，不僅沒有因理害詩，反倒提供了解讀此類詩作的新範式〔註25〕。羅燕玲對《大乘巷夜談》的解讀，入情入理，細膩動人，用感性和思辨補足意象組織間的留白和拐點，竭力疏通「想像的邏輯」，使原詩大放異彩。文本解讀在詩歌研究中具有根性意義，本色、細膩、透闢的文本解讀意味著朱英誕新詩研究正在走向深入。

研究者從詩藝發展歷程、審美取向、語言、意象、文本解讀各方面展開研究，對朱英誕詩藝做了探索性的命名、界說，取得了很大的成果，而這些成果本身也成爲現代詩學研究的重大收穫。

（三）對朱英誕詩學觀念的歸納、建構

詩學觀念是對詩歌發生、本質、審美等方面的經驗總結和理性思考，成熟的詩人往往具有成熟的詩學觀念，作爲一種自覺意識導引、矯正著詩人的創作。朱英誕在多年的詩歌創作中，一直針對自我寫作中的難題和新詩發展中的重大問題，進行著勤勉而艱辛的思考，形成了一系列有價值的詩學觀念，

〔註23〕陳芝國，《朱英誕詩歌：古典與現代互涉的美學》，《江漢大學學報》（人文科學版），2010 年第 1 期。

〔註24〕陳茜，《渾圓與清淺：廢名與朱英誕新詩比較》，《長沙理工大學學報》（社科版），2011 年第 3 期。

〔註25〕吳曉東，《臨水的納蕤思：中國現代詩人的鏡象自我》，《二十世紀的詩心：中國新詩論集》，北京：北京大學出版社，2010 年版，第 231 頁。

研究這些觀念體系對認識他的詩藝和思考新詩發展的歷程都具有積極意義。朱英誕豐富的詩學觀念散落在大量的評論、序跋和評論文章中，缺乏集中而規範的理論表達，這就需要研究者的歸納和建構。一些研究者即做過「點睛」式的概括，吳曉東、陳均和陳芝國等人均看到朱英誕在古典與現代互涉、中國與西方匯通的視野裏尋求普遍而個性、新鮮而恒久的詩歌形態的觀念，都很有創見，可惜沒有結合朱英誕的詩歌實踐詳細展開。

　　楊希、王遠舟《「幻覺」與「完全」：試論廢名、朱英誕的詩歌觀念》一文〔註 26〕，注意到朱英誕和廢名兩人的北大新詩講義在內容和體例上的關聯，參照其他研究者的觀點，將朱英誕和廢名的新詩觀念歸納爲三個方面：一是新詩是自由詩而非格律詩，二是新詩寫幻覺，三是新詩是「完全」的。認爲廢名詩論中所講的「幻覺」不等於寫景，不是抒情，排斥說理，朱英誕繼承了這一觀念。廢名、朱英誕「完全」的觀念貫徹在對郭沫若《夕暮》等詩歌的評論中。這篇論文的價值在於，通過細讀廢名、朱英誕的《新詩講稿》一書，對二人的詩學觀念做了歸納，歸納出的三點結論較有新意，也大致符合事實。但是，論文有不少草率之處，沒有結合材料詳細論證「幻覺」和「完全」的觀念竟體現在何處，以舉例代論證，而且完全忽略了朱英誕詩學觀念的獨特性，在研究的細微處還需要著力打磨。

　　倪貝貝、王澤龍《朱英誕、廢名新詩理論比較研究》一文〔註 27〕，也從比較著眼歸納朱英誕的詩學觀念。首先參考陳均關於「廢名圈」的研究成果，將朱英誕放在 1930 年代北大詩歌「小圈子」中來論述，考察了朱英誕與廢名的實際交往關係，說明廢名對朱英誕詩學有「促成作用」，這樣帶有實證意味的考證，爲比較研究打下了可信服的基礎。接下來從「內容」和「形式」兩方面梳理了朱英誕與廢名詩學的異同。廢名詩學的核心在於對「何爲新詩」這一關鍵問題的思考，其根本目的在解放形式對內容的束縛，繼續推進胡適所提出的詩歌理想，因此廢名強調詩歌內容的「當下性」和「完全性」。朱英誕繼承和發展了廢名的思想，提出新詩的本質：一是不可多得的，屬於靜思獨造；二是空氣新鮮的，沒有任何習氣或慣性；三是詩人自己的影子，自由

〔註 26〕楊希、王遠舟，《「幻覺」與「完全」：試論廢名、朱英誕的詩歌觀念》，《文科愛好者》（教育教學版），2010 年第 2 期。

〔註 27〕倪貝貝、王澤龍，《朱英誕、廢名新詩理論比較研究》，《江漢大學學報》（人文社科版），2012 年第 5 期。

去抒情，不管別人的「是非」，把詩人最獨特的情感表現出來。而且朱英誕在「純」與「雜」的思考中也推進了廢名的「內容說」，葉芝、中國的王孟韋柳等詩人的「清淨無邪」固然值得讚美，然而在更爲廣闊的視野關照下拓展更爲龐雜的題材，將「純」與「雜」統一起來，實現新詩的雙向推進也是極爲重要的，萬不可固步自封。在形式方面，廢名看重散文化的文法和分行，以此來保障新詩自由發生、自由表達的品質，朱英誕認同這一思想，但更爲看重語言文字即修辭技巧的重要性，流露出改造「文字」以打造出「詩的文字」的思想。廢名對晚唐詩人、文藝復興時期詩人的借鑒使他的詩歌具有了晦澀和哲理性等多重意味，朱英誕則在對中國田園詩人、西方現代派的繼承中走向了融會貫通。這一研究立足大量文獻資料，勾畫出了一張朱英誕詩學觀念體系的草圖，且視野廣闊，高屋建瓴。如果能對文中一些精彩創見做進一步的闡發，例如廢名、朱英誕所津津討論的「內容」究竟爲何物，「內容」中包含的情感、哲理的成分各占什麼比重，「內容」和「生命體驗」有什麼關聯，「文字」是文字學意義上的「文字」，還是語用學、修辭學意義上的「文字」，這些都是中國現代詩學中的重要話題，值得進一步探究下去。

倪貝貝的碩士學位論文《朱英誕新詩理論研究》〔註28〕則是對她前期研究的深化和拓展，主要針對新詩本質特徵、形式要求和詩學淵源這幾個關鍵問題詳細展開。新詩的文體要能擁有自己的品質而自立，新詩既須用散文來寫，又要與散文逐漸區別開來，這個區別不是靠文字排列、音韻節奏等外在形式，而是靠與散文有別的獨特的詩思。新詩的質料，是詩人生活經驗和個性情感的自然達成。新詩本質的兩個內在品質，一是「新鮮」，即情感、經驗、想像是與舊詩有所不同的，前所未有的，還要是「詩」的，即符合正在探索中的新詩審美理想和標準。另一是「智性化」，將新鮮的詩情和理性思索巧妙融合，在個性化的審美體驗中蘊含深刻的哲思。在詩境的建構方面，追求「純」與「雜」的統一。朱英誕在新詩形式上總的要求是，以無韻律的現代散文文體，用白話口語的形式寫清新、自由的詩。朱英誕將晚唐詩派的晦澀風格、宋詩的理趣風尚跟泰戈爾、葉芝、艾略特等的詩歌觀念結合了起來。整體來看，倪貝貝的詩學研究，下了很大功夫，看到了朱英誕對新詩內容、內在品質所做的巨大思考，做細了朱英誕詩學觀念的草圖。而且難能可貴的是，在

〔註28〕倪貝貝，《朱英誕新詩理論研究》，華中師範大學碩士學位論文，2013 年 5 月。

考察中時時注意將朱英誕詩學觀念的形成變化及其價值和地位，投放在新詩發展的歷史場域中做橫向、縱向比較，以此來多方面地顯示朱英誕詩學觀念的特別之處。倪貝貝《朱英誕新詩理論初探》〔註 29〕一文全面總結他們的前期研究成果，對朱英誕新詩基本理論作了較全面的整理和系統闡釋，認為就本質而言，朱英誕認為新詩應該是蘊含新鮮詩情的「眞詩」，包容純與雜兼收的詩藝，應將新鮮的詩情和理性思索巧妙融合。在形式上，朱英誕主張散文化與韻律化並置；認為文字是新詩隊伍中逢山開路、遇水搭橋的先行，並將新詩的語體風格分為明白與晦澀兩類；在新詩音樂性問題上，朱英誕明確主張應摒棄歌謠化的傾向；總體上朱英誕的詩歌理論鮮明體現出對傳統自然審美觀的崇尚。論文綱舉目張，論述清晰，材料詳實。但是，似有必要區分「詩學理論」和「詩學觀念」這兩個概念，詩學理論乃是系統性、思辨性、抽象性很強的理論體系，而詩學觀念只是一些成型的經驗、意識的集合，相對而言較為直接、零散，由「觀念」到「理論」，在系統性和深刻性上尚有一定距離。朱英誕序跋評論對「新詩」本身的思考以及這種思考所呈現的形態，客觀來看，都只屬於「觀念」的範疇。新詩人的詩學思想多是以觀念的形態來表述的，較少上昇到理論的高度，研究中以「觀念」的形態來建構也有其好處，關注的視域可寬泛一些，可以較多地聯繫創作以便相互印證，可以更接近詩人詩歌詩學實踐的本眞現場等等，這樣就可以避免價值拔高和不必要的材料捨棄。

朱英誕新詩研究正在多方推進，而且取得了切實的成績。隨著資料工作的進展，研究一定會在深度和廣度上邁向新階段。再過幾年，朱英誕的作品和藝術經驗必定會彙入新詩史的經典序列中，成為中國現代文學中不可忽略的存在。綜合考慮，還有幾方面需要研究者用力開鑿。第一，借助「廢名圈」的有效命名，參照北平現代主義詩群的整體背景，凸顯朱英誕的特殊價值。第二，不少研究者都認同朱英誕融通古今以尋求新詩發展的路徑，在此基礎上更進一步，以朱英誕為典型，挖掘中國古典詩歌中某些有現代意味的因子對現代主義詩歌的塑形作用，進一步理順新詩與中國古典詩歌的關係。第三，採用一套成熟且有效的話語體系介入新詩語言研究，描述朱英誕新詩語言的構成和風貌。

〔註 29〕倪貝貝，《朱英誕新詩理論初探》，《文學評論》，2014 年第 3 期。

梳理多年來朱英誕新詩的研究狀況，考察得失，明確研究所處的階段，這是「朱英誕新詩研究」得以啓動和展開的前提。

——選自程繼龍博士論文《朱英誕新詩研究》緒論

沉默的冥想者
——詩人朱英誕研究述評

馬雪潔

　　朱英誕（1913～1983）原名朱仁健，字豈夢，號英誕。20 世紀 30 年代初來到北京，得到詩人林庚先生的指點與提攜，並曾經師從林庚先生，開始在報刊上發表作品。其筆名眾多，主要有朱芳濟、朱青榆、青榆、莊損衣等。1935 年 23 歲的朱英誕出版有《無題之秋》（自費出版，收入抒情短詩 100 首），由林庚先生為其作序，1936 年完成《小園集》，廢名為其作序，但終因抗戰爆發未能出版。1939 年至 1943 年期間在北大紅樓講授現代文學，主講新詩，繼廢名之後繼續編寫新詩講義，2008 年由北京大學出版了與廢名先生合作署名的《新詩講稿》〔註 1〕，朱英誕發表的詩歌、散文、評論、譯詩散見於二十世紀三四十年代的多種報刊，自抗戰勝利直至建國以後，他曾一度渴望在文學創作上有新的收穫，可惜皆遭退稿，接下來不斷的政治運動，特別是「文革」的接踵而至使得這位詩人沒有再公開發表作品，但是他卻沒有停筆而是實實在在地做到了筆耕一生。2011 年初筆者有幸到北京拜訪了朱英誕的長女朱紋女士，並十分榮幸的在其引導下見到了朱英誕先生的手稿。面對大量早已發黃的手稿筆者才真正明白了何謂筆耕一生。

　　就目前而言，有關朱英誕的研究文章相對較少且不成規模，本文試綜合自上個世紀四十年代至今的研究資料及評論文章，簡要概述其研究現狀（主要是新詩研究）及當下研究存在的問題。

〔註 1〕廢名，朱英誕.新詩講稿〔M〕，北京：北京大學出版社，2008 年。

一、朱英誕創作概況與作品發表現狀

由於朱英誕長期以來很少受到關注，故此有必要在論述其研究現狀之前簡要說明詩人的創作概況與詩文發表情況。

（一）朱英誕創作概況

自 1928 年發表第一首新詩《街燈》至 1983 年病逝，朱英誕留下了大量遺作，在其長女朱紋、次女朱社綺女士認眞細緻的整理下，已經初見面目：新詩創作近三千首，其中自訂詩集《小園集》《深巷集》《夜窗集》等二十餘冊；長詩《遠水》一首，共 660 行，並附有詩歌題解；詩劇兩部：《偷桃》《緇衣歸來》；舊體詩近一千首；京劇劇本兩部：《少年辛棄疾》《許穆夫人》；古典文學研究專著《楊誠齋評傳》《李長吉評傳》；散文、雜文及詩論千餘篇。

（二）朱英誕作品發表狀況

解放前發表有新詩九十餘篇；1986 年《詩刊》第 8 期刊有朱英誕遺作五首；上個世紀 90 年代初由其家人自費出版有《冬夜冬花集》〔註 2〕，但沒有公開發行，《仙藻集·小園集──朱英誕詩集》〔註 3〕《大時代的小人物》〔註 4〕，後者主要收入了《苦吟詩人李賀（長吉評傳）》《笑與不笑──一位罕見的幽默詩人（誠齋評傳）》及自傳《梅花依舊──一個「大時代的小人物」》；詩論四篇（原刊於《江海縱橫》1997 年 5 月）；《新詩講稿》〔註 5〕；《新詩評論》上發表文詩論與序文 31 篇（2007 年第 2 輯）；《梅花依舊──一個『大時代的小人物』的自傳》刊於《新文學史料》」〔註 6〕。

朱英誕的創作是極爲豐富的，雖然在時代的大環境中其作品長期處於塵封狀態，但是卻沒有影響到其伏案創作的實績。目前，其大部分創作還仍處於手稿狀態，爲讀者所見的作品實爲冰山一角。

二、朱英誕新詩研究現狀

整體來說學術界對朱英誕的研究相對很少，最早提道朱英誕的是廢名的

〔註 2〕 朱英誕，冬葉冬花集〔M〕，北京：文津出版社，1994 年。
〔註 3〕 朱英誕，仙藻集·小園集──朱英誕詩集〔M〕，臺北：秀威信息科技股份有限公司，2011 年。
〔註 4〕 朱英誕.大時代的小人物〔M〕，臺北：秀威信息科技股份有限公司，2011 年。
〔註 5〕 廢名，朱英誕.新詩講稿〔M〕，北京：北京大學出版社，2008 年。
〔註 6〕 朱英誕，梅花依舊──一個「大時代的小人物」的自傳〔J〕，陳均校訂，新史料，2007 年（4）。

《林庚同朱英誕的新詩》一文，學界開始注意到朱英誕也多是由於看到這篇文章而發問：朱英誕在哪裏？此外朱英誕受到較爲廣泛的關注是在 2007 年前後，《新文學史料》和《新詩評論》於 2007 年分別刊載了朱英誕專輯，其部分作品及研究文章初露水面。另有民間刊物《詩評人》於 2008 年刊出朱英誕專輯，由其長女朱紋作卷首語，集中了時至 2008 年的大部分評論與研究文章並附有朱英誕的新詩 48 首（選自《冬葉冬花集》）。總體說來，朱英誕的創作近幾年開始受到一定的關注，但是仍然處於十分薄弱的階段，評論文章很少，其中一部分文章在於介紹詩人生平與創作的基本狀況，旨在對朱英誕作出基本的推介，另一部分則集中在就其新詩詩藝的評論與探討。故以下將分兩部分概述朱英誕研究的現狀。

（一）有關朱英誕生平與創作概況的介紹與研究

朱英誕和他的創作雖然已經引起了一部分學者的注意，但是仍然爲多數專家、學者與普通讀者所不聞，多種版本的中國現當代文學史教材亦鮮有提及，故而對於這樣一位沒有被充分發掘出來的詩人而言，其生平創作的概況對於初接觸朱英誕及其作品的研究者和閱讀者來說都是必要和具有史料意義的，從中也或可發現一些研究的線索。

大部分文章鑒於這種情況多在文章起始簡要介紹朱英誕其人其詩，另外還有幾篇文章專注於介紹其生平與創作概況，其中包括由其相伴一生的妻子陳萃芬女士寫於 1985 年的《朱英誕生平與創作》〔註7〕，文章分七個部分介紹了詩人朱英誕的童年生活、家世、少年時代的朱英誕和他的老師、現代詩創作以及解放前後的教學與創作，晚年對古典文學的專著研究。老人娓娓道來，簡要而較爲全面地敘述了朱英誕的生平創作的基本情況，使得一位立體的詩人初步呈現在我們眼前。更重要的是其滿含溫情的敘述中還提供了很多有價值的研究線索，如朱英誕同林庚、廢名以及沈啓無、李白鳳的交往，以及其平時的閱讀與家世給他帶來的影響等敘述，給朱英誕研究也提供了一些線索。其次《關於詩人朱英誕》一文由陳萃芬女士口述，陳均探寫，分四個時期敘述了朱英誕生活細節及任教僑北大，結識李白鳳、林庚的經歷。此外，與朱英誕有著總角之交的何炳棣先生於 1993 年作於美國的《少年時代的朱英誕》〔註8〕一文對童、少年的朱英誕生平又作了補充與校正。陳啓智的《深恩

〔註7〕陳萃芬，朱英誕生平與創作〔J〕，詩評人，2008 年（總九）。
〔註8〕何炳棣，少年時代的朱英誕〔J〕，詩評人，2008 年（總九）。

厚愛刻骨銘心——記我的四姑父朱仁健先生》〔註9〕，則回憶了 1980 年代初作者在北京大學中文系進修古典文學期間向多年未見的四姑父朱英誕先生請教的一段經歷，反映了朱英誕先生嚴謹的治學態度和深厚的古典文學功底。

　　整體來看，對朱英誕的生平概況的介紹較為全面，但是至今還沒有整理出朱英誕的生平與創作年表，生平與創作情況有待全面整理與具體細化；這是研究朱英誕的基礎工作。

（二）對朱英誕新詩詩藝的研究

　　最早介紹朱英誕，並且給予了極高評價的是廢名於 1948 年 4 月 25 日發表在《華北日報》上的《林庚同朱英誕的新詩》一文，很多評論者也都是從這篇文章開始注意朱英誕的，因此有必要特別介紹。文中廢名提道將朱英誕的新詩附在林庚之後來講「是有深意存焉」，原因是廢名認為兩者的新詩都「與西洋文學不相干」，並稱他們的詩「更是中國的了」〔註10〕。文中廢名選取了林庚的四首詩，而「由於愛惜這些詩思」，選取了名氣遠不及林庚的朱英誕的《冬室》、《紅日》、《少年行》等 12 首詩進行簡要的評析，認為朱詩有獨到的特質，與林庚的詩歌相比不是青出於藍而勝於藍，而是「藍本身就是他自己的美麗，好比天的藍色，誰能勝過呢？」〔註11〕廢名將朱英誕與林庚的詩歌進行比較時，選取十幾首詩歌進行如此大篇幅的解讀，並給予了高度評價；加之近些年來的廢名研究的升溫，使得更多有心的學者開始發問：「朱英誕在哪裏？朱英誕的大量詩歌為何沒有被發現？」後續的其他研究文章大都要提道廢名的這次珍貴的評價，不少學人卻因為沒有見到更多的第一首材料，無法繼續深入發言或撰文。

　　在已有的研究文章中就朱英誕詩歌風格的探討大體集中在這樣兩個方向，一是延續廢名的評論，認為朱英誕的新詩完全趨於古典，與西方文學不相干；另一種則更趨向於認為其詩歌創作受到西方文學特別是象徵主義的影響，進而形成一種古典與現代互涉的美學特質。

〔註 9〕 陳啓智，深思厚愛刻骨銘心——記我的四姑父朱仁健先生〔J〕，詩評人，（總九）。

〔註10〕 廢名，林庚和朱英誕的新詩〔M〕//廢名，論新詩及其他.陳子善，編訂，瀋陽：遼寧教育出版社，1998 年。

〔註11〕 廢名，林庚和朱英誕的新詩〔M〕//廢名，論新詩及其他.陳子善，編訂，瀋陽：遼寧教育出版社，1998 年。

1. 朱英誕新詩繼承了中國古典詩歌的風格

朱英誕係朱熹後代，「家庭的影響使朱英誕從年幼起就自由自在地遨遊在古典文學的海洋裏。繼元、白之後，又讀起陶詩」〔註12〕，在其自傳（《梅花依舊》）中敘述到「讀史詩，於屈、陶、二謝、庾信、李、杜、溫、李，乃至元、白以及歷代諸大名家，我無不敬愛至極！」〔註13〕這種深厚的古典文學功底，勢必會在某種程度上或說在有形無形中影響到朱英誕的新詩創作。其詩歌當中也確實體現出古典美學的特質，如其常常在詩歌中巧妙地化用古典詩詞，很多詩歌的整體風貌常常流逸著古典氣息。對於其詩歌此種風貌的認可自然首先突出地體現在廢名的《林庚同朱英誕的新詩》一文中，廢名明確指出「而朱英誕也與西洋文學不相干，在新詩當中他等於南宋的詞」〔註14〕。「眞正的中國新文學，並不一定要受西洋文學的影響的。林朱二君的詩便算是證明。」〔註15〕評價朱英誕同林庚的詩歌是「更是中國的了」。此外，徐守忠的《朱英誕先生的詩》文章開篇便提道了詩風的問題，並且進一步挖掘到朱英誕詩歌與南宋詞的相似原因在於所處時代的相通之處，正是因此導致其「一方面用最晦澀的語言來表達複雜的心情，另一方面又去追求自我完善」〔註16〕。另有陳學祖的《含蓄蘊藉之美的發現：現代詩人的唐宋詩詞觀》一文提道「無論在1920年代那種風雨如晦的時代風雲中，還是在抗日戰爭的烽火熊熊燃燒的崢嶸歲月裏，中國現代新詩人似乎總是存在著一群咀嚼著晚唐詩風與唐宋婉約詞的感傷幽怨風味的年輕詩人」。「與林庚、馮至不一樣的是，以戴望舒、施蟄存、梁宗岱、何其芳、吳興華、侯如華、朱英誕等爲代表的具有強烈的現代主義傾向的新詩詩人，卻始終迷戀於晚唐詩風與唐宋婉約詞」〔註17〕，也旨在說明朱英誕詩歌對古典文學特別是晚唐詩風的承繼。

可見，研究者多注意到了朱英誕詩歌中融合的古典元素，認爲其詩風多

〔註12〕陳萃芬，朱英誕生平與創作〔J〕，詩評人，2008年（總九）。
〔註13〕朱英誕，梅花依舊——一個「大時代的小人物」的自傳〔J〕，陳均校訂，新史料，2007年（4）。
〔註14〕廢名，林庚和朱英誕的新詩〔M〕//廢名，論新詩及其他，陳子善編訂，瀋陽：遼寧教育出版社，1998年。
〔註15〕廢名，林庚和朱英誕的新詩〔M〕//廢名，論新詩及其他，陳子善編訂，瀋陽：遼寧教育出版社，1998年。
〔註16〕徐守忠，朱英誕先生的詩〔J〕，詩評人，2008年（總九）。
〔註17〕陳學祖，含蓄蘊藉之美的發現：現代詩人的唐宋詩詞觀〔J〕，江漢論壇，2010年（8）。

偏向於晚唐或宋詞的風貌，但自廢名直至後來的文章都沒能夠結合其具體創作對其新詩與古典詩詞的聯繫展開詳盡的論述。

2. 朱英誕新詩具有古典與現代互涉的美學特質

朱英誕的英文水平很高，「他不僅能讀外國作家的原作，還能翻譯歐美名詩人的詩作，三十年代多次發表在上海和北京的報刊雜誌上」，「尤其喜歡愛爾蘭葉芝的詩」〔註18〕，現存譯詩三十首左右。如其妻子所述「他在文學的道路上是認眞深入閱讀學習了古今中外的文學名家作品後，而決定了自己的選擇，並不是盲目的追求，可謂是『水到渠成』」〔註19〕。一些研究文章認爲，朱英誕的詩歌並非如廢名所說與西洋文學不相干，但又沒有完全抛開古典風格，而是試圖挖掘其新詩中那種古典與西方互涉的美學特質。

在《「美麗的沉默」與時代的錯位──論現代詩人朱英誕〈冬葉冬花集〉的藝術價值與歷史命運》一文中，作者即提道了朱詩對晚唐和南宋詞的繼承，並主要就其詩歌的現實主義與象徵主義特徵共存消長來展開論述。認爲「他在詩歌風格上承繼的是六朝晚唐和南宋詞人一脈，但又發展了它的『特異』之長，成爲中國式的象徵主義詩歌，暗合了東漸之西潮」〔註20〕，指出朱詩雖然在 1938 至 1948 年間出現現實主義萌芽，但是存在「象徵主義仍占支配地位的現象」〔註21〕，到了 1949 至 1956 年則呈現出現實主義大於象徵主義的特徵，在「掃蕩文化的特殊歷史時期」，朱詩則表現出前所未有的現實主義傾向，此時「象徵在詩中已成爲一種手法」〔註22〕。此文分時期對朱詩不同階段的創作做考察，分析了其詩歌中的現實主義與象徵主義並存的特質。最大的特點便在於有意識的分時期對朱英誕的新詩創作進行分析，避免了概而論之，分析更細緻也更具科學性。

在《重見埋沒的輝煌──發現朱英誕和他的〈冬葉冬花集〉》中，臺灣學者向明提出《冬葉冬花集》中有的詩「頗符合現代主義象徵詩的」，「毋須

〔註18〕陳萃芬，朱英誕生平與創作〔J〕，詩評人，2008 年（總九）。
〔註19〕陳萃芬，朱英誕生平與創作〔J〕，詩評人，2008 年（總九）。
〔註20〕彭金山、劉振華，美麗的沉默與時代的錯位──論現代詩人朱英誕《冬葉冬花集》的藝術價值與歷史命運〔J〕，現代文學研究叢刊，2009 年（2）。
〔註21〕彭金山、劉振華，美麗的沉默與時代的錯位──論現代詩人朱英誕《冬葉冬花集》的藝術價值與歷史命運〔J〕，現代文學研究叢刊，2009 年（2）。
〔註22〕彭金山、劉振華，美麗的沉默與時代的錯位──論現代詩人朱英誕《冬葉冬花集》的藝術價值與歷史命運〔J〕，現代文學研究叢刊，2009 年（2）。

逐字求解，讀後眞的可以引起許多憧憬」〔註23〕。《妙在不明言——朱英誕詩歌欣賞》一文則明確地就廢名對朱英誕詩歌的評價表示「尙心存疑慮」，認爲讀朱詩「常常在一知半解中滑行」〔註24〕，妙處正在於不明言，正是明顯受到了象徵主義的影響，而並非是與象徵主義的不謀而合。吳曉東的《臨水的納蕤思——中國現代詩人的鏡象自我》一文，雖然並非是就朱英誕的專論，但在其中第三部分中講到朱英誕的詩歌創作，並以其《鏡曉》一詩爲例說明詩人的「自我」依憑和附著的心理狀態，旨在說明其詩歌的象徵主義特質。

《抗戰時期北京詩人研究》係陳芝國（首都師範大學）的博士論文，文章對陳均提出的「廢名圈」這一概念做了補充，認爲朱英誕是北京淪陷區這一詩人圈的核心人物，認爲其詩歌當是從一種獨特的角度接近晚唐詩風，繼而表現出一種另類現代性，其對於李商隱晦澀的《無題》詩的喜好「不是因爲詩人對中國傳統的深厚瞭解而自發的文學接受現象，而是受之於外國文學的激發〔註25〕。並指出朱英誕詩歌所呈現的古典與現代互涉的風格是一種自覺的意識，「在朱英誕走上現代詩歌道路之初，他就在西方現代詩歌批評的啓發下意識到了古典詩歌與現代詩歌相互指涉的可能性」〔註26〕。此文的這種觀點以詩歌文本和詩人詩論解讀爲基礎，觀點較爲新穎。另外，陳芝國的另一篇論文《朱英誕詩歌：古典與現代互涉的美學》則是專論朱英誕的新詩創作，大體上承繼了其博士論文的基本觀點，並明確指出朱英誕是「從西方現代主義回望晚唐的美麗」〔註27〕。

張桃洲的《古典與現代之辨：新詩的第三條道路——以 1940 年代淪陷區詩人爲中心》，探究了年代處於歷史與文化夾縫中的淪陷區詩人「在古典與現代的融匯、調協中爲新詩開創一條新路」〔註28〕的創作探索，其中的第二部分晚唐詩風與象徵詩學，談道朱英誕的詩風，稱其詩「於盎然的古意中散溢

〔註23〕 向明，重見埋沒的輝煌——發現朱英誕和他的《冬葉冬花集》〔J〕，詩評人，
    2008 年（總九）。
〔註24〕 蔡慶生，妙在不明言——朱英誕詩歌欣賞〔J〕，詩評人，2008 年（9）。
〔註25〕 陳芝國，抗戰時期北京詩人研究〔D〕，首都師範大學，2008 年：192。
〔註26〕 陳芝國，抗戰時期北京詩人研究〔D〕，首都師範大學，2008 年：192。
〔註27〕 陳芝國，朱英誕詩歌：古典與現代互涉的美學〔J〕，江漢大學學報：人文科
    學版，2010 年，29（1）。
〔註28〕 張桃洲，古典與現代之辨：新詩的第三條道路——以 1940 年代淪陷區詩人爲
    中心〔J〕，社會科學研究，2010 年（1）。

著奇崛的哲思,他試圖找到一種融會古今涵納天地萬物之自然的詩歌寫作形式」〔註 29〕。也即認為其並非完全是承繼著古典詩風,而是追求著晚唐與象徵的融合,執著於自己富有張力的風格。

　　3、對朱英誕詩歌意象的研究

　　一位具有獨特創作個性的詩人必然有其獨特的詩歌意象的營造為支撐。《「美麗的沉默」與時代的錯位──論現代詩人朱英誕〈冬葉冬花集〉的藝術價值與歷史命運》一文,將朱英誕詩歌意象的藝術特質定位為「柔美而開闊的意象世界」,「這個意象世界在時空中跳轉,在虛實中轉換」〔註 30〕,並特別提出「夢」的意象在朱詩中的特殊位置。抗戰時期北京詩人研究》中提道其意象的豐富與跳動,但未能展開論述諸多研究文章中都無不提道朱詩詩歌意象的特色但卻沒有對其進行專論大多論及其詩歌的晦澀難懂,就連其老師林庚先生也稱其詩不易看懂。「寫著寫著,林庚就說英誕寫詩看不懂了,怎麼回事啊,就把他的詩拿給廢名看。」〔註 31〕就其原因的探討或可從詩歌意象的跳躍性與聯想的奇特中進行挖掘。

　　綜上所述,在對朱英誕的詩藝探究中,就其詩歌風格的探究而言,觀點主要集中在將其歸於古典,古典與西方互涉兩個方面,評論傾向主要集中於後者,論述較前者而言更加的具體,而就其詩歌意象的分析則尚未有專門的論述無論是對於詩歌風格的探究還是對其詩歌意象審美特質的追問上,都還有待更加學理化的深度分析。

三、朱英誕被埋沒的原因的探究

　　很久以來,朱英誕長期地被埋沒,提道其筆耕一生而又被埋沒的事實便會引來不解的發問,因此其被忽視與被詩歌史遺忘的原因便成為了一個引人注意與好奇的問題,對其原因的探究或可挖掘出其背後更多學術問題。

　　《「美麗的沉默」與時代的錯位──論現代詩人朱英誕〈冬葉冬花集〉的藝術價值與歷史命運》是較為明確探究其與時代錯位的一篇文章,文中提出

〔註 29〕張桃洲,古典與現代之辨:新詩的第三條道路──以 1940 年代淪陷區詩人為中心〔J〕,社會科學研究,2010 年（1）。

〔註 30〕彭金山、劉振華,美麗的沉默與時代的錯位──論現代詩人朱英誕《冬葉冬花集》的藝術價值與歷史命運〔J〕,現代文學研究叢刊,2009 年（2）。

〔註 31〕陳均,廢名圈、晚唐詩及另類現代性──從朱英誕詩中國詩中國新詩中的傳統與現代〔J〕,詩評人,（總九）。

其原因主要在於朱詩的詩歌內容未能與當時的主流話語相融合，朱英誕靜看主流話語的變化卻沉浸在自己的園地中，正是「詩人與主流話語的疏遠、隔閡——成就了獨特的藝術個性，也使他生前幾次與自己的時代錯位」〔註32〕，造成其所謂「背運」。此外文章還認為，上個世紀三四十年代象徵主義新詩在中國知識分子當中的沒有被廣泛地接受，其影響亦是導致朱英誕詩歌與時代錯位的重要原因。陳均的《廢名圈、晚唐詩及另類現代性——從朱英誕談中國新詩中的「傳統與現代」》又提出朱詩被埋沒的原因還與新詩的研究風氣之所及相關，但是並未進行深入地探究與展開論述〔註33〕。在《重見埋沒的輝煌——發現朱英誕和他的〈冬葉冬花集〉》中，文章末尾提道朱英誕被埋沒的原因，一是由於「他係淪陷區詩人，外面的人鮮能知道他的存在」，「另一令人哭笑不得的原因是因他出版的詩集自費出版，沒能公開發行，阻絕了外界對他的瞭解，甚至不知道有這麼一位詩人的存在」〔註34〕。另有文章《新發現的一封廢名佚信——兼評廢名的老北大講義》中提道「一般學者在研究廢名詩歌及其詩論時，往往提道卞之琳和林庚，卻很少或者根本沒有提道沈啓無、朱英誕。這當然與二人名氣較小且任『僞職』是分不開的」〔註35〕。即認為這與淪陷區詩人的歷史命運及任職於僞北大有關。

四、朱英誕研究的不足與前景

縱觀朱英誕研究現狀，存在以下幾方面問題：

第一，現在可供閱讀的材料少，評論文章大都集中於就冬葉冬花集的評論，然而《冬葉冬花集》僅僅收入朱英誕新詩 234 首，與其接近三千首的新詩創作相比，實為冰山一角，並且由於係其家人自費出版，沒有公開發行，流傳範圍極為有限，無法與專家學者及大眾讀者見面就無法形成有效的批評；也無法就各個時期的創作風格的變化及其整體面貌進行總體的全面的論

〔註32〕彭金山、劉振華，美麗的沉默與時代的錯位——論現代詩人朱英誕《冬葉冬花集》的藝術價值與歷史命運〔J〕，現代文學研究叢刊，2009 年（2）。

〔註33〕陳均，廢名圈、晚唐詩及另類現代性——從朱英誕詩中國詩中國新詩中的傳統與現代〔J〕，詩評人，（總九）。

〔註34〕向明，重見埋沒的輝煌——發現朱英誕和他的《冬葉冬花集》〔J〕，詩評人，2008 年（總九）。

〔註35〕眉睫，新發現的一封廢名佚信——兼評廢名的老北大講義〔J〕，詩評人，2006 年（3）。

述。與其新詩創作密切相關的大量詩論更是還未見諸讀者。因此朱英誕詩文集的出版工作可謂是一項迫在眉睫的基礎性工作。

第二，對朱英誕新詩創作的研究文章多短小且不成體系，部分文章的學理性不強，停留於評介性的短論。如《記住詩人朱英誕──喜讀〈新詩評論〉第六輯》主要是圍繞著 2007 年新詩評論總第六輯發表的朱英誕專輯的評論，指出了專輯的存在的細節的史料問題和沒有收錄其不同時期的代表作的遺憾〔註 36〕。又如《夜行人如最輕的風──讀朱英誕詩集〈冬葉冬花集〉》中作者楊繼暉化用朱英誕的詩句「銀河有最輕的水紋，夜行人如最輕的風」為題目，找到了與詩人通行的理由──「夜行」〔註 37〕在筆者看來，這是研究文章中寫得最具美感的一篇，與朱英誕的詩歌氛圍相得益彰，婉似一首散文詩，敘述著一個被埋沒的詩人，但是這篇美文卻沒有就其詩藝或詩歌內容的某個方面進行探究，並得出結論。

第三、朱英誕受到關注多起因於廢名的文章及其老師林庚先生的提攜，關注點多集中於其新詩的創作，此外其詩論、長詩《遠水》、舊體詩、譯詩，以及古典文學專著都還沒有與讀者見面，待到這些創作問世後，朱英誕研究的方向應不僅僅局限於新詩。

值得慶幸的是眾多較有分量的研究文章雖然並非是朱英誕研究專論，但是已經給予了較中肯的評價。如《中國淪陷區文學大系》詩歌卷，選入了朱英誕的 16 首詩，《導言》中，吳曉東提道朱英誕的善感以及由此形成的溫柔敦厚的總體詩風〔註 38〕。《處於轉折期的 70 年代詩歌──70 年代導言》中程光煒認為可以從穆旦和朱英誕的創作中另闢一條觀察路徑：「年代詩歌，除其與歷史的重大關係，是不是也應找出另外的觀察路徑，而這另外路徑，我以為正是穆旦和朱英誕的寫作。」並且指出「人們對穆旦作品已有定評，但如何看朱英誕詩歌的價值，給予怎樣的詩歌史定位，還處於不甚確定的狀態」〔註 39〕。廢名在《〈小園集〉序》中對其評價極高：「這位少年詩人之詩才，不佞

〔註 36〕眉睫，記住詩人朱英誕──喜讀《新詩評論》第六輯，〔J〕，詩評人，（總九）。

〔註 37〕楊繼暉，夜行人如最輕的風──讀朱英誕詩集《冬葉冬花集》〔J〕，詩評人，（總九）。

〔註 38〕吳曉東，中國淪陷區文學大系：詩歌卷導言〔M〕//錢理群，中國淪陷區文學大系，南寧：廣西教育出版社，1998 年：13。

〔註 39〕程光煒，處在轉折期的 70 年代詩歌年代卷導言〔M〕，百年中國新詩史略：中國新詩總系導言集，北京：北京大學出版社，2010 年：237。

之文絕不能與其相稱也。我的明窗淨几一管枯筆，在眞的新詩出世的時候，可以秋收冬藏也。」〔註40〕這無疑是給予了朱英誕新詩創作極高的評價。故此，有這些名家、學者對朱英誕的提及與積極的評價必會引起有心學者的注意，這是一個良好的引導，也或者可以預示著朱英誕研究較爲光明的前景。

從登上詩壇到生命的終止朱英誕始終保持著詩人的本色，曾經輝煌，又持久的甘於寂寞，在戰爭年代和「文革」十年始終沒有放棄詩歌創作。有生之年，他又始終沒有引起中國現代文學史的重視，沒有走進廣大讀者的視野。仰望文學的歷史天空，有不少星宿寂寞生前浮名身後。我們期待現代新詩史因爲對朱英誕的發現而變得更加豐富。我們也期待著有更多股力量「從廢墟中去拾掇拼圖，找回那些偉大心靈的全貌，還他應有的尊嚴和成就」〔註41〕，作爲我們心靈的一份「營養補充」。

——原載《江漢大學學報》（人文版）2012 年第 6 期

〔註40〕廢名，《小園集》序〔M〕，朱英誕.冬葉冬花集，北京：文津出版社，1994 年：3。
〔註41〕向明，重見埋沒的輝煌——發現朱英誕和他的《冬葉冬花集》〔J〕，詩評人，2008 年（總九）。

朱英誕研究綜述

馬正鋒

　　朱英誕（1913～1983），原名朱仁健，字豈夢，號英誕，筆名有莊損衣、朱青榆、琯朗、朱芳濟、杞人、朱傑西等。江蘇如皋人，生於天津，少年時就讀與天津南開、彙文中學。後舉家遷入北京。朱英誕的父親精通舊詩詞格律，受家庭薰陶，朱英誕自小酷愛詩文，1928 年尙在天津彙文中學讀書的朱英誕寫了自己的第一首新詩《街燈》，很得老師喜愛。1932 年，朱英誕從天津到北平考大學，曾經模仿泰戈爾的《飛鳥集》作《印象》詩數首，得到蹇先艾較高評價。隨後，朱英誕考入民國學院，師從林庚，後被林庚引介給廢名。在林庚和廢名的影響下，朱英誕對新詩的喜愛與日俱增，創作了大量新詩。1935 年 12 月，朱英誕自費出版了詩集《無題之秋》，由林庚作序推薦。次年，朱英誕又準備出版他的第二本詩集《小園集》，序文也已經由廢名寫好，然而因爲抗戰爆發，諸事不易，此集子之後就再也無緣出版了。朱英誕在廢名離京去湖北黃梅老家之前，和廢名多有詩文交往。朱英誕後來結識了當時北大中文系主任沈啓無，在沈啓無的介紹下，朱英誕獲得了北大中文系的教職，接替廢名於 1939～1944 年間主講新詩，在此之間，朱英誕撰寫了課堂講義《現代詩講稿》，其詩論的基本觀點延續著廢名的《談新詩》，並編選了一本《中國現代詩二十年集（1917～1937)》，與講義相應。1944 年，周作人刊發「破門」啓示，沈啓無被迫辭去北大中文系主任的職務，朱英誕受此牽連，也離開了北大。抗日戰爭勝利以後，朱英誕婉拒時任國民黨文聯主席張道藩的任職請帖，之後赴東北任教。1946 年，朱英誕專程回京看望從湖北回京的廢名，二人相談甚歡。廢名得知朱英誕在抗戰的非常時期仍舊堅持寫作，深感欣慰，並積極爲朱英誕聯繫出版詩集和講稿。然而內戰爆發，出版一事又成爲了空

中樓閣。1948 年 4 月 25 日，廢名在《華北日報》文學版發表了評論《林庚同朱英誕的新詩》，評價很高。解放以後，朱英誕仍然筆耕不輟，詩才不斷，雖然與詩歌的距離不曾改變，然而他與詩壇的距離卻越來越遠。朱英誕解放後在北京貝滿女中任教，50 年代末還曾參與過故宮明清資料的整理工作。因為身體緣故，1963 年朱英誕退休，開始致力於古典文學的研究。十年浩劫期間，朱英誕仍舊堅持讀書寫詩，但是從未有作品發表。1983 年，朱英誕辭世。留下幾千頁文稿，其中包括二十餘本由他本人整理裝訂的詩集、一部《現代詩講稿》以及其他文稿。

　　學界對於朱英誕詩藝的研究，大致可以分為三個階段。第一階段是在解放前。較早發現朱英誕詩才，並給予專門評論的是林庚和廢名。尤其是廢名，他將朱英誕與當時的著名詩人林庚相提並論，高度評價其詩歌的好處。但是在廢名之後，學界對於朱英誕詩歌的研究陷於了長期的沉寂。直到 1980 年代，才出現了零星的介紹和評價。1994 年，朱英誕的家人為他出版了一本詩歌選集《冬葉多花集》，詩選附有有牛漢的簡短評價，這算是學界對朱英誕的第二個研究階段。新世紀學界對於朱英誕的研究進入了新的階段，《新文學史料》發表了朱英誕的自傳性文章以及學者陳均對詩人遺孀陳萃芬女士的訪談，人們對於朱英誕的認識開始細化。2007 年，北大《新詩評論》刊發《朱英誕專輯》。2008 年，民間詩歌研究刊物《詩評人》印發了《朱英誕專號》。

　　學界對於朱英誕的專門研究儘管已經取得了可喜的成績，但是總體來說還有待拓展和深化。現將主要研究成果綜述如下：

一、對朱英誕詩歌的搜集和整理

　　朱英誕生前公開發表的詩歌並不多，除詩集《無題之秋》外，大約有六十餘首詩歌發表在北平淪陷區和上海的一些文藝刊物上，這些刊物主要包括張深切主編的《中國文藝》、輔仁大學主編的《輔仁文苑》、沈啓無主編的《文學集刊》、風雨談社主編的《風雨談》等。在這些刊物發表的詩歌中，部分選自於《無題之秋》和《小園集》。1986 年《詩刊》第八期刊出「朱英誕遺作五首」，這其中包括三首詩人寫於解放後的詩歌。1994 年，朱英誕的家人為他出版詩選《冬葉多花集》，收有詩人在各個時期的詩作 234 首，是目前收錄朱英誕詩歌最多的集子。1998 年出版的《中國淪陷區文學大系（詩歌卷）》收有朱英誕 16 首詩歌，全部來自上文所述抗戰時期北平和上海的文學刊物。2008 年

民刊《詩評人》出《朱英誕專刊》，收有詩歌48首，全部來自《冬葉冬花集》。事實上，朱英誕筆耕不輟，留下了幾千首詩歌遺稿，他的大多數詩作還出於未公開的狀態，這給研究朱英誕帶來了不小的困難。

二、對朱英誕詩歌藝術特徵和創作技巧的研究

幾乎所有的研究者都注意到了朱英誕詩歌意象豐富，意境優美，聯想奇特，文字精雕細琢，惜墨如金。

較早評價朱英誕詩歌藝術特徵的是廢名，他在《林庚同朱英誕的新詩》一文中，挑選了《無題之秋》裏十二首詩歌，分別進行了簡短的印象式的批評。在這些短評中，廢名用的最多的詞語是：天真、親切、生動、可愛、美麗。

由於所見詩歌篇目有限，二十世紀八九十年代學界對於朱英誕的詩歌研究大多停留在詩人生平的簡介以及對詩人的某些單個詩篇的印象式的批評上。

《詩刊》是新中國成立以後較早介紹詩人朱英誕的刊物，1986年《詩刊》第八期為詩人出「朱英誕遺作五首」專集，介紹了詩人簡短生平和作品。介紹者宗鄂說：「朱英誕的詩感覺獨特，思維開闊，意境深遠雋永。以現實主義為基礎，兼用象徵和意象派手法，不拘陳規，勇於探索。」〔註1〕

1988年，《遼寧教育學院學報（社科版）》刊登了欽鴻的文章《朱英誕和他的新詩》，與《詩刊》的朱英誕專輯一樣，欽鴻簡要的介紹了朱英誕的生平，並總結了詩人在創作中的特點，他說：「朱英誕的成就主要在新詩創作上，不僅數量可觀，而且別具一格。他的詩大多抒寫春花秋月，落葉歸鴉，河柳細雨，冬室晨村，語言清秀雋逸，而聯思奇麗曲折，含蓄有致，頗為耐人尋味。」〔註2〕論者指出了朱英誕詩歌的主要意象，「含蓄」這一評價是非常準確的。

在《冬葉冬花集》出版以後，學界開始出現對朱英誕詩歌較有把握的整體研究。研究者通過對文本進行的細緻解讀，發現了其詩歌的一些藝術特徵。

彭金山、劉振明二人合著的論文《「美麗的沉默」——論現代詩人朱英誕〈冬夜冬花集〉的藝術價值與歷史命運》詳細的分析了朱英誕詩歌創作的技

〔註1〕宗鄂，《朱英誕遺作五首》（作者簡介），《詩刊》，1986年第6期，第43頁。
〔註2〕欽鴻，《朱英誕和他的新詩》，《遼寧教育學院學報（社科版）》，1988年第4期，第61頁。

巧，文章這樣寫道：「詩人在營造意象時採用還變、感悟、哲思、派生、多維等多種組合方式，又以疊加、并置、環鏈、嵌珠、復合等多種手段布陣造境，加上比喻、誇張、擬人、象徵、通感等修辭在詩中俯拾皆是的推波助瀾，使他的詩呈現一個五彩斑斕、生機勃勃的新美世界。」論者認爲朱英誕的詩歌中的意象世界柔美而開闊，而且這個意象世界「在時空中跳轉，在敘事中轉換，在詩的『造境』或『合境』的布陣方式中形成一種整體優勢和『格式塔效應』」。論者還特別指出「夢」這個意象在朱英誕詩歌創作中有著重要的地位，分析了「夢」在其詩歌創作不同階段裏的含義。

　　1998 年出版的錢理群等人主編的教材《中國現代文學三十年》這樣評價道：「朱英誕更是陶潛風範的渴慕者，在『人淡如菊』的閒適的日常生活背後體味自然人性的眞意」〔註 3〕。吳曉東在《中國淪陷區文學大系（詩歌卷）》的導言中也給出了類似的判斷：「朱英誕詩中所表現的感情方式既不劍拔弩張，也非故作深沉，大體上符合一種『溫敏敦厚』的標準。……他長於體味人生的各種情感趣味和境界，儘管他的詩大都書寫的是身邊的瑣事和一己的悲觀，格局也如南宋的小令一般精巧有餘，宏闊不足，但彌足珍貴的是詩人精心構築的詩境背後總躲著作者一雙既眞誠又善於發現的眼睛。」〔註 4〕

　　另外也由學者只是從某個方面指出朱英誕詩歌的藝術技巧。《詩評人》在 2008 年推出的《朱英誕專號》收錄了一些近期對朱英誕詩歌的研究，大多就是單方面的研究。其中蔡慶生的文章《妙在不明言——朱英誕詩歌欣賞》用「不明言」這個短語評價朱英誕詩歌的主要藝術特色，類似於中國畫中的「留白」技巧。蔡慶生認爲不明言是一種含蓄，比說出來更能震撼人心，「留白」技巧在詩歌中的體現就是朱英誕詩歌「淺入深出」，引發讀者的聯想。向明認爲朱英誕詩歌最大的特點是「不入世」，原因在於朱英誕性情散淡閒適，不追逐名利，嚮往一種山水行吟的詩人生活。除此之外，向明也高度評價了朱英誕詩歌用語奇特，比喻不凡，捉摸不定的特點。他還爲朱英誕詩歌的晦澀作出辯護，他說朱英誕的詩歌的確很含蓄，但是還不至於奇特到不能完全理解的地步，而且閱讀之後常常引起讀者無限憧憬。徐守忠也認爲含而不露是朱

〔註 3〕錢理群、溫儒敏、吳福輝編，《中國現代文學三十年》（修訂本）第 590 頁，北京大學出版社，1998 年版。
〔註 4〕吳曉東，《中國淪陷區文學大系（詩歌卷）》導言第 12 頁，廣西教育出版社，1998 年版。

英誕詩歌的最大特點，他說朱英誕的詩應該屬於意識流，有內在的聯繫，但是由於詩歌跳躍性大，跨度大，讀者往往跟隨不了詩人想像的深度與速度，所以有時候難以被人理解。徐守忠還特別指出朱詩當中獨創的警句很多，譬如「人間隱隱一聲雞／驀地長出紅日來」，別有一番風味。楊繼暉認爲朱英誕的詩歌表現了一種「在微涼的夜裏獨自行走」的夜行的生活狀態，無論是詩意還是詩情。

三、對朱英誕詩歌中傳統和現代（中西互涉）關係的研究

廢名認爲朱英誕的詩歌完全是中國的，他說：「而朱英誕也與西洋文學不相干，在新詩中他等於南宋的詞。」「眞正的中國文學不一定要受西洋文學的影響的。林（庚）朱（英誕）的詩便算是證明。」〔註5〕廢名是最早發現朱英誕詩才的研究者之一，且朱英誕可算是他的學生，因而他的觀點很值得重視。但是，朱英誕新詩的中國傳統氣息濃厚，古典意象豐富，還不足以說明朱英誕完全沒有受到西方現代文學思潮的影響。事實上朱英誕通曉英文，而且閱讀並研究大量西方現代文學原著和研究文章，他甚至翻譯了艾略特的詩論，所以來自西方的現代文學思想不可能不影響他的創作。同爲現代派詩人的廢名，也不可能沒有注意到這一點。廢名強調林庚和朱英誕詩歌的中國氣息，應該是爲了用他們來做比「溫李」，從而保持中國詩歌的延續性，證明其詩論的實踐者後繼有人。當代一些研究者顯然也注意到了朱英誕詩歌當中傳統和現代互涉的現象：

吳曉東的《臨水的納蕤思——中國現代派詩人的鏡象自我》雖然不是關於朱英誕的專論，但是論者準確而敏銳的指出了朱英誕詩歌當中的「自我鏡象」的隱喻的意義所在，亦即「（詩歌）超離現實人生與世界，最終收穫的是一個語言和幻想的烏托邦」〔註6〕，而「鏡象」這個詞語來自西方文學的典型形象「臨水的納蕤思」。

2007 年的《新詩評論》第二輯（總第六輯）刊出朱英誕專輯，收錄了三十餘篇朱英誕於三四十年代發表的文章選輯，並附有陳均的文章《朱英誕小

〔註5〕廢名，《林庚同朱英誕的新詩》，《華北日報·文學版》，1948 年 4 月 25 日第17 期。
〔註6〕吳曉東，《臨水的納蕤思——中國現代派詩人的鏡象自我》，《中國學術》2005年第 4 期，商務印書館。

識──「朱英誕文章選輯」輯校札記》，以及《廢名圈、晚唐詩及另類現代性
──從朱英誕談中國新詩中的「傳統與現代」》〔註7〕。

　　首都師範大學陳芝國博士在他的博士論文《抗戰時期北京詩人研究》中，
將朱英誕納入「廢名圈」進行了專節的論述，並認爲他是最重要的幾個成員
之一。談及朱英誕的詩歌創作的總體特點，陳芝國說：「在朱英誕走向現代詩
歌道路之初，他就在西方現代詩歌批評的啓發下意識到了古典詩歌和現代詩
歌相互指涉的可能性。」〔註8〕陳芝國引用朱英誕自己的話說：「外來影響與
傳統不能偏廢，歸去仍在現代，這更是自明的事」〔註9〕，以此證明朱英誕詩
歌當中傳統和現代的融合是自覺的。

四、對朱英誕詩歌淵源的研究

　　朱英誕在其自傳中稱自己爲朱熹後人，並有所考證。朱英誕的父親擅長
做舊詩，並且要求少年朱英誕進行舊詩的創作，耳濡目染之下，他對傳統詩
文有著熱切的喜愛。朱英誕在舉家遷往北平以後才大量的接觸西方文學，屠
格涅夫的《散文詩》很得他的喜愛，同時對於西方現代主義詩歌他也逐漸熟
悉起來。朱英誕英文水平比較好，這使得他可以從西方詩論家，譬如艾略特
等人那裡直接吸取養料。雖然沒有對此問題進行專門的研究，但大多數論者
都認定詩人古典詩文功底深厚且熟悉西方現代文學思潮。比如，陳芝國在閱
讀了朱英誕詩論文論的基礎上，在其博士論文中多次引用詩人的原話來證明
詩人是在結合了中西詩學的精華之後，才提出了一種較爲辯證和通達的詩學
觀點。

五、對朱英誕詩名埋沒原因的推想

　　朱英誕詩名埋沒的原因也是一個值得深究的話題，這牽涉到詩歌史寫作
的一些重要的問題。因爲有廢名那篇《林庚同朱英誕的新詩》，朱英誕還不至

〔註7〕 「另類現代性」一文從「廢名圈」出發，指出當前學界在研究現代派詩人的
　　　　「晚唐氣象」時忽視了一些重要問題。陳均認爲，由於其堅持性和連續性，「廢
　　　　名圈」詩人的某些理論探索和創作實踐可能會拓展學界對20世紀三四十年代
　　　　的新詩回歸傳統這一現象的認識，從而有可能修正學界固有的對於新詩「現
　　　　代性」的理解。
〔註8〕 陳芝國，《抗戰時期北京詩人研究》（2009年博士論文），第192頁。
〔註9〕 陳芝國，《抗戰時期北京詩人研究》（2009年博士論文），第195頁。

於完全被湮沒，但是在現在的所有可見的文學史中，朱英誕這個名字出現的次數還是寥寥可數。可以說，朱英誕在現有文學史書上的地位是比較微小的。同林庚一樣，朱英誕也屬於現代派詩人，同樣呈現出「晚唐的美麗」，他們的詩作中都散發著濃鬱的「中國氣息」。所不同的是，林庚成了文學史的主幹，朱英誕卻顯得可有可無。遙想當年，廢名也看到了這樣的事實——「中國的文壇卻也是應該害羞的，因為專講勢力，不懂得價值，林朱二君的詩都是自己花錢出版的，朱君的集子恐怕沒有人知道……」後來的研究者們，也都提及了這個問題，主要觀點有以下幾個：

陳均認為朱英誕的「文學場」總是在發展良好的時候，被外界所打斷。具體表現是 1937 年抗日戰爭爆發，使得詩人的詩集無法正常出版；1944 年受到沈啓無被「破門」的牽連，離開北大的新詩講壇。除此之外，朱英誕詩名不顯的原因還有以下兩個：一來是由於詩人在解放後基本和詩壇斷絕了來往，進入了一種近似「在地下」的寫作；二來是因為朱英誕僅僅公開出版了一部詩集，他的詩作大多散逸在淪陷時期北平和上海的各種文學刊物上，而且署以不同的筆名（根據陳均的考訂，朱英誕用於公開發表的詩文的筆名不下於十個，詩人遺稿中有《室名、別名一覽》，筆名總計有二十餘個），這就使得研究者甚至很難看到朱英誕詩作的全貌，更遑論深入的研究了。

臺灣詩人向明認為朱英誕性格閒散，不出世，不追逐名利，又是淪陷區詩人，且詩歌風格古樸保守，不易親近，而發表的詩作少之又少，因而很難獲得什麼知名度。

彭金山、劉振明認為詩人與主流話語的疏離和隔閡，一方面成就了詩人獨特的藝術個性，另一方面也使得詩人生前幾次與自己的時代錯位。首先，三四十年代的時候，象徵主義新詩在中國的接受者並不多，廢名的推薦長文直到四十年代末期才發表；隨後新中國成立，朱英誕的詩風顯然與五六十年代倡導的「工農兵方向」相去甚遠；「文革」時期詩人寫了不少現實主義的關注民生的好詩，但卻無處發表，為當時形勢所不容，詩人又被時代抹煞；「文革」結束之後，詩人雖然年事已高，且身體狀況不佳，但仍有佳作寫出，不過這個時候詩歌的風頭開始為新一批的年輕詩人所主導，而詩人也於 1983 年寂寞辭世。

綜觀學界對詩人朱英誕的研究，由表及裏，視野越來越開闊。但是必須承認，學界對朱英誕的研究還有待拓展和深入。朱英誕的大部分詩稿尚未整

理出版，這給研究帶來很大的困難。朱英誕和廢名、林庚關係密切，其詩歌創作和詩歌理論都受到了他們的影響。作爲北平淪陷區重要的現代派詩人，和吳興華一樣，朱英誕在非常時期的詩歌創作和詩論探索，都極具研究價值。陳均提出的「另類現代性」的問題，以朱英誕爲切入點，應該能得出許多新的觀點。除此之外，朱英誕在解放以後的詩歌創作，尤其是其在「文革」時期的詩歌創作，已有論者認爲可以算是「潛在寫作」的重要組成部分。而對於這些問題的研究，目前學界還不夠全面和深入。2008 年北京大學出版社整理出版了廢名和朱英誕合著的《新詩講稿》，《講稿》評論了從新詩發軔時的胡適到1940年代的「現代派」主要的詩人和詩歌流派，其中可見朱英誕詩論觀點和廢名保持了較大程度的一致。朱英誕的詩論也應該同他的詩歌創作一樣得到學界的研究。

——原載《中國詩歌研究動態》2009 年第 2 期